大人問題

小浜逸郎

ポット出版

大人問題●目次

四章◉社会という壁
時代・規範・情報

まえがき

本書は、同じポット出版より二〇〇九年十二月に出した『子供問題』の姉妹編である。『子供問題』と同じように、ここ十年ほどの間に各所に書いた評論、エッセイの類の中から、現代の普通に生活している人々にとって、少しでも琴線に触れてくるテーマのものを選んで、いかほどか統一的な流れを読み取れるように編成した。

ところが大人編となると、さすがに内容が多岐にわたり、ひとつの鮮明な主張に絞り込むというわけにはいかなかった。そのため、前著に比べていくらかはまとまりに欠けるものとなったかもしれない。

私たち大人の生活が、全体としては単調で平凡でありながら、細かく見ていくと、ずいぶんといろいろな課題、複雑な制度、多様な人間関係のあり方などに絡んでいることに気づかされる。

成熟と老いと死、労働の意義、他人との付き合い、恋愛、家族、若年および中高年期のアイデンティティ・クライシス、先端文明との関係、法制度と責任等々。まだまだあるかもしれない。しかしとりあえず上に挙げたような主題に限定して本書は編まれている。

おまけに、これは当然といえば当然かもしれないが、私の書くものは、その視点の取り方がケースによって異なっている。たとえば近年しきりに注視される大量の自殺者の問題を扱うときには、なるべく社会学風の客観的な記述、恋愛や家族や死などを扱うときには、その実存経験としての性格が浮き彫りになるように、むしろ主観的な把握を掘り下げる記述、「身体」のようなテーマに取り組むときには、できるだけ哲学的な思考の手続をとった記述、個別の社会現象に違和感を感じたときは、批評家風の記述、という具合である。

したがって、あちこちに書き散らした長短さまざまなテーマの文章を集めた上で読んでみると、文体にまとまりのない雑然とした印象を抱くのではないかと恐れる。

ただ、これは弁解という限りを出ないが、あながち書き手自身の問題のみにとどまるのではなく、私たち普通の大人が日常生活を送りながら、時には自分でも気づかずに、いかに多くの面倒な課題を抱え込まされているかということをも示している。

たとえば、本書では、自殺の問題に多くのページを割いているが、つい先ほどまで自殺者の主役は、もっぱら中高年男性ということに相場が決まっていた。ところが、ここ近年、最も自殺から縁遠いと思われていた若い女性にまで、その触手が伸びてきている。

また先ごろテレビで知ったところによれば、三十代のホームレス男性が増えているという。

これは、単にひとりの人間が食べていけないという、即物的な問題ではない。弱音を吐けない「大人」という社会的記号をそのまま固守しなくてはならない、この社会の精神的環境の圧力の問題である。

不況や雇用の不安定や対人関係の挫折など、打ち続く社会的・個人的な閉塞状態が現代日本を覆っており、私たちは、それらのいくつかを、それぞれに分有しているのだ。

政権交代がなされても、いまの民主党の迷走振りを見るかぎり、政治の恩恵が私たちの生活の足元にまで下りてくるとは到底思えず、先行きの見えない不安は増すばかりである。

とはいえ、こんなことはもうわかりきったことなので、いまさら私ごときが不安を煽っても仕方がない。大切なことは、私たち自身の回りに迫っている不安の影の実態を、等身大の視線でよくたしかめ、ひとりひとりがそれらに適切に対処しうるような「心構え」を養うことである。それは、「静かな勁（つよ）さ」というべきものであろう。

本書がそのためのささやかなヒントを提供する形になっていれば、これにすぐる喜びはない。

一章●普通に生きる1——成熟・諦念・死

父と私

私はすでに二児を育て終わって久しいが、自分のなかに「父性」と呼べるようなものがあったのかどうか、いまでも疑っている。どうにかこうにか父親を演じはしたが、毅然とした厳父ではとうていあり得なかったし、懐の深い慈父というわけでもなかった。何だか社会性が不足していて、妙に子どもっぽかったのである。

自分には父親たる資格などなかったのではないかというこの忸怩たる思いにとらわれるとき、その理由を探ろうとすると、理屈抜きで、私自身の父との関係のあり方に連想がおよんでしまう。

ものごころついてからの私にとって、父の主たるイメージは、毎晩飲んだくれて帰宅しては蛮声を張り上げて夫婦げんかを繰り返す、五十過ぎの疲れたオヤジである。慈しんでくれたという記憶はほとんどないし、厳しくしつけられたという記憶もない。

もちろんつかの間の親和経験はいくつかあるが、総じて彼はあまり私のことなどかまってくれなかった。私は母親っ子だったので、こういう父の存在を疎ましく感じていた。

その父は、私が十四歳のとき癌に冒されてあっけなくこの世を去ってしまった。幼少年期には疎ましさが支配的で、思春期以降は反抗と克服の対象としては不在でしかなかった。

だから父とのかかわりを通して「父性」を実感したというおぼえが私にはない。継承されるべき「父性」を実感できなかったことが、親としての自分の自信のなさにつながっているのではないかと、どうしても思ってしまうのだ。

ところで、家庭という生身の体験の場で、父親のさらす醜いていたらくに嫌悪感や疎隔感を抱いて育った人ならおそらくだれでも思い当たるだろうが、そのときは直接的な感情のレベルでこんな父親などいらないと感じたとしても、自分が長じてから後、なぜあのとき父はあんな態度を子どもの前にさらすしかなかったのかというその背景を、父親自身の人生の立場にたって反省してみる瞬間というものがやってくる。

私の場合もそれはあって、大人の男として生きるつらさを自分が噛みしめると、はじめて、彼もそれなりにつらかったんだなあという同情と哀惜の念が湧き起こってくるのである。

父は旧帝大出で戦前は大陸で商社マンとしてそこそこ羽振りを利かせていた。敗戦ですべてを失って引き揚げてきたが、戦後は失職を繰り返して家計はいつも逼迫していた。旧帝大出などというプライドは維持しようもなく、情熱を感じない仕事に出かけては安酒に溺れる毎日だった。

戦前と戦後のこの落差の感覚が、彼の精神を荒んだものにしていったのだと思う。その敗残の歴史と私の成育過程とがちょうど重なり合っている。そのことに思いがおよぶとき、何もあんなに父を疎ましく感じなくてもよかったのにというかすかな後悔がよぎるが、時すでに遅しである。このタイムラグは、親子関係の宿命のようなものだろう。
一夜、へべれけで帰宅した父を母がなじるかたわらで、幼い私は、父の背中をぽかぽかと力一杯殴り続けたが、父はそれをなすがままにさせていた。いまでもその固い背中の感触が、私の拳にかすかな記憶として宿っている。その記憶は、現在の私を静かに責めているように感じられる。「あんなに強く殴らなければよかったのに……」と。

（二〇〇七年二月・『Ｖｏｉｃｅ』）

死は生の条件である

小学校低学年の頃と記憶するが、柱にもたれてめそめそ泣いているところを母に発見されてしまい、どうしたのと聞かれた。私は人がいつか死んでしまうということを考えていたら悲しくってたまらなくなったと正直に答えた。

母は一瞬沈黙し、ややあってから「そう、そんなことを考えていたの」と、感に堪えたように漏らした。それから何か慰めてもらったような気がする。しかしそれがどういう言葉であったか憶えていない。

この月並みな感傷の露出は、その後私のなかで抑えられていたようだが、親になったとき、自分の子どもがもっと早い年齢で同じような表現をしたのに接し、これはきちんと考えてみなくてはならない問題だという思いを強くした。

そしてそれがきっかけで、死についての本を書こうという考えがだんだん熟していった。何冊かの本を読んだ。ハイデガーがこの問題をいちばん突き詰めていると感じたが、不満も残った。

それを一言で言うと、死をめぐる彼の考察では、人が死という確実にやってくる「可能性」を直視しないような配慮を不断に張り巡らせている状況を「頽落《たいらく》」と呼んで、直視する態度とのあいだに人間的な価値の「審級」を置いているように思えてならない点である。「頽落」は人と関わりつつ日常性をふつうに生きることとぴったり重なるから、それを別のある態度（彼はこれを「本来性」と呼ぶ）よりも低いものと見なすような傾向にどうしても納得できなかったのである。

そんな折り、モンテーニュの『随想録』のなかに次の言葉を見つけ、思わず膝を打った。「死はお前たちの創造の条件であり、お前たちの一部分である」「もしお前たちが死をもたないならば、それを与えられなかったことで、お前たちはたえず私を呪うであろう」（『世界の大思想第4巻・モンテーニュ「随想録」上巻』二十章・松浪信三郎訳・河出書房新社）。

ここでモンテーニュが「私」と言っているのは、「自然」のことである。自然が人間に死を与えなかったとしたらどうなるか。

二つの可能性が考えられる。①業苦としての生が永遠に続く。②未来を気にする必要がなくなるから、動物がやっているよりも長期にわたるような何らの「企て」をなすこともできない。

おそらくモンテーニュが意識的に考えていたのは、①のニュアンスのほうである。しかしむしろ私は、彼が「死はお前たちの創造の条件である」と言っている直観の正しさのほうに関心を引きつけられ、そこには②のような論理が含まれていると考えた。

人間は時間の無限性を知り、そのことによって自己の有限性を自覚できる唯一の動物だが、この有限性の自覚を通してこそ、ふつうに生きる過程のなかに、さまざまな企ての楔を打ち込むことができ、また、豊かな情緒世界を開くことができるのにちがいない……。

この思想は、死への恐怖や別れの悲しみを少しも逓減《ていげん》させてはくれないが、死と常に隣り合わせである私たちの生をいくらかは明るみに向かって輪郭鮮やかなものとするはずである。

（二〇〇三年十月・『ＳＳＫレポート』）

人生最大の無駄遣い

私はそもそも金銭に関して計画性がなく、また大きく儲けて蓄積したり運用したりする才覚もない。それで、これまでずいぶんその場限りの無駄遣いをしてきた。だから、ワケ知り顔にこんなコラムを書く資格はないのだが、自戒の念を込めて思うところを述べてみることにする。

「人生最大の無駄遣いは何か」という問いは、人生の価値とは何かにかかわっている。だから、この問いをいったんひっくり返して、「人生で大切にしなくてはならないものは何か」と問い直してみることにしよう。

もちろん答えは人それぞれに違いないが、私個人は、家族、友人などの身近な人間関係が最も大切だと考えている。そしておそらくこの答えは、多くの人の賛同を得られることと思う。

すると、身近な人間関係を理由もなく毀損してしまうことは、大きな無駄遣いをやっていることになる。もちろんこれは、「心の無駄遣い」とも言えるもので、直接お金に絡んだ話ではない。しかし、お金がらみで心の無駄遣いをしてしまえば、それはほんとうに最大の無駄遣いと言えるのではないか。

たとえば、子どもを甘やかして、欲しがるものを際限なく何でも買い与える。わがままな要求を何でもそのまま通す。その結果、親を親とも思わない自己中心的な子どもが育ってしまえば、取り返しのつかない無駄遣いである。

またたとえば、借金をするために大切な友人に連帯保証人になってもらうとする。しかし借金が返せなくなり、その友人に大迷惑をかけてしまう。友情は大きく毀損されるだろう。あだやおろそかに、友人関係に金銭を絡めるべきではない。

チェーホフの『決闘』という小説には、三人の友人の間に発生した借金の申し込みのもつれが決闘に発展するいきさつが書かれている。この時代には、友人であるというだけで金を貸してくれるのはごく自然なことと見なされていたようだ。昔の日本でも親族や友人なら一時的に金を用立ててくれるくらいのことは当然だった。

かつては、金を貸してくれることは友情や親愛の情の証のひとつだったが、いまは、親愛の情を大切にすればこそ友人間の金銭的な援助は慎まなくてはならないという感覚が一般的である。

金銭的な負荷を負ったほうは、人間としての誇りを維持するのが難しくなり、対等な友人関係を保てなくなるからだ。この現代人の常識感覚はとても大切だと思う。

しかし他方、現代では、サラ金やマチ金が発達しているので、友情や人間関係を損なわないために人を頼らず手軽に消費者金融に手を出し、結果的に自分の首を絞めるというような例にも事欠かないだろう。そういうことを考えると、友人には絶対に迷惑をかけないと意地を張るのも問題かも知れない。

消費者金融に苦しめられず、しかも大切な人間関係を毀損しないようにするには、当たり前のことだが、やはりある程度お金の余裕をいつもキープしていることが必要だ。

私は、人間というのは、食べていくのにやっとでいつも金銭の心配をしていなくてはならないのでもなく、また有り余るほどのお金があるのでもなく、少しだけお金の余裕があるくらいがいちばんいいと思っている。「小金を持つ」というやつである。

お金が不足していると心豊かになれないし、卑屈にもなりかねないし、時には悪いことも考えかねない。またお金がありすぎると、傲慢にもなるし、ふつうの庶民感覚を忘れて他人に対する想像力を失いかねず、もっともっと金銭欲にとりつかれて失敗してしまうかも知れない。いずれにしても身近な人間関係を毀損する可能性が高い。

貧乏すぎず金持ちすぎないこと、それが人生の無駄遣いを避ける条件だと思う。

（二〇〇六年七月・『プレジデント』）

藤沢作品に見る「成熟」の意味

現代は成熟しにくい時代だと多くの人が感じている。ほとんど誰もが、今の三十代は昔の二十歳だとか、六十ともなれば昔は立派な老人だったのに今では周りもそう扱わないし自分にもそういう実感が全然ない、などと口にする。でもそれはどうしてなのだろうか。

平均寿命が延びたからとか、晩婚社会になったからとかいうのは一応わかりやすい理由に思える。だがこれらはただの同語反復か、または成熟しにくさが具体的にどう現象しているかをなぞっているだけで、「理由」と呼ぶにはあまりに表層的で薄弱だという感じが否めない。

もう少しこの表層的理由のそのまた理由のようなものを探ってみる必要がありそうである。そのためには、そもそも人が成熟するとはどういうことなのかを、「生きる」ことの内部から問うてみなくてはならない。

私は先ごろ、若者がなかなか大人になれないことが引き起こす社会問題をどうしたらよいかについて、『正しい大人化計画』（ちくま新書）という本を書いた。具体的には、ひきこもり、フリーター、学力に見合わない高等教育受講者などが大量発生することによる「若者難民化」現象への対策である。

その対策の提示に先立って、社会的・心理的な意味で「大人」と言えるためにはどういう条件が要求されるかをいろいろ挙げてみた。その中の一つに、「大人は子どもに比べてより深く死を内在化させている」というのがある。

「死を内在化させている」という言い方で表現したかったのは、子どもの養育や、親しい人との別離や身体の衰えの経験などを通して、自分の存在が有限である事実への自覚が深まっているということである。いや、このように哲学的な語彙を用いてしまうと、大切なニュアンスが少し殺がれる感じがする。

自分の人生についての視野が限界づけられてくる。あと何ができ、何はできないかがだいたい読めてくる。自分がかかわってきた人間のなかで、どの人はどれくらい大切で、どの人はそれほどでもないか、それらの人々に対して、それぞれどのような対応をとってゆけばよいかが何となくわかってくる……そして、私自身は最近、自分の過去を顧みてよく冗談交じりに言うのだが、昔に比べてだんだん「よい人」になってしまったように思う。

「よい人」になってしまったというのは、「角が取れて人格が丸くなった」というのとは少々違う。性格の核心部分はそんな風に簡単には変わらない。

いささか不本意と感じられるくらいに、あくまで表向き「そうさせられてしまった」「よい人にならざるを得なくなった」のである。もっと皮肉めいた言い方をするなら、そういう人をそれなりに演じることができるほどに狡猾な余裕を手にしてしまったのである。

これがおそらく成熟ということの意味なのだ。社交を積み重ね、ある関係を選び取り、その選び取った関係から一定の評価と承認を得ることによって残りの人生の「見積もり」がよりはっきりしてくる。

若いころ不良でならしたスポーツ選手などが、実力でのし上がって多数の人々に注目されるようになると、マイク・タイソンなどのごくわずかの例外を除いて、ほとんどみな、急速に「よい人」になってくるのが見て取れる。

こうした例を目の当たりにすると、ああ、成熟というのはこういうことなのだなという感慨を新たにする。それは自己の内部の混沌を一つの秩序に限定し方向付けることなのであって、つまりは、有限な存在としての自覚を深めることなのである。


時代小説などほとんど読んだことのなかった私が、ある時期から藤沢周平の作品に少しばかり親しむようになった。何となく、ではなかった。そこには私なりに、この世は何とままならないのだろうと、遅ればせながら感じさせるようないくつかの苦しい契機ともいうべきものがあった。

私は藤沢の残した厖大な作品群のまだ半分も読み切れていないと思うが、そのかぎりで、彼の文学の特徴をあえて一言で言い表すなら、「ままならぬ世の中を小さな一身にそのまま引き受けて生きる存在の哀しみ」ということになろうか。

剣豪もの、下級仕官もの、町人もの、博徒ものなど、主人公の身分によっていろいろに分類はできるが、どのジャンルにも共通して貫かれているのが、この印象である。そして彼の作品に触れようが触れまいが、この「ままならぬ世の中を小さな一身にそのまま引き受けて生きる存在の哀しみ」を、おのずと内部から感得するとき、人は自分の成熟――有限性の自覚の深まり――を否応なく認めざるを得ないのだ。後戻りはもはやない。

藤沢の、暗く鋭い初期作品群の一つ（といっても労苦多き前半生のためにその文学的出発は遅く、四十五歳の時の作品である）に、「帰郷」という博徒ものの短編がある（『又蔵の火』文春文庫所収）。

主人公・宇之吉は、若いころ木曽福島出身の博打打ちだったが、親分の罪をかぶって江戸に逃げ、そこで厄介になった主人の女房とただ一度過ちを犯したために主人を殺す羽目になる。女は二年間宇之吉に連れ添うが結核で死んでしまい、宇之吉はそれ以後、どの親分にもつかない一匹狼として、博打打ちと喧嘩の助っ人稼業を続けながら長い放浪生活を送る。

齢五十を過ぎてようやく病を得、とある木賃宿に寝込んでやや回復したとき、初めて里心がついて故郷に帰ってくる。人の様は変わり、かつての親分の二代目は落ち目で、宇之吉の兄貴分だった九蔵が貸元になっていて、一帯を支配する勢いである。昔恋仲だったお秋の家の前を通りかかると、若い女が顔を出す。やがてその女は、宇之吉が出奔した直後にできたお秋との間の一粒種・おくみであったことが判明する。お秋はとっくに死んでいた。

おくみは若い博打打ちの源太と恋仲だが、九蔵に目を付けられており、源太は九蔵の子分たちに命を狙われている。宇之吉はおくみには一言も告げずに九蔵とかけあい、手持ちの三十両と自分の命を形に賭に出て勝ち、おくみに今後手をつけない旨の証文を得るが、討っ手の急襲で暴行されたあげく三十両も証文も奪い取られてしまう。手傷を負い死病の発作で血を吐いた宇之吉は、おくみの家の戸をたたく。はじめ冷たかったおくみは、しだいに極道の父親にも情が移り看病するようになる。

数日後の深更、宇之吉はひそかにおくみの家を出て九蔵の家に忍び込むと、源太が先にいて九蔵を狙っている。源太をおくみの元に返したあと、宇之吉は九蔵の寝込みを襲って三十両を取り返し、差しで匕首の勝負を持ちかける。橋の上で九蔵を斬り、さらに追っ手の数人を倒した宇之吉の前に、九蔵の子分で器量の大きい代貸しの浅吉があらわれ、事情を聞いてその場を収める。駆けつけていた源太とおくみに三十両を手渡した宇之吉は、二人を残して立ち去ろうとする。

「どういうことさ。おとっつぁんはどうするつもり?」

おくみが目を瞠《みは》って、不安そうに訊いたが、宇之吉はもう振り向かなかった。橋下に降りて、さっき隠して置いた合羽と振分荷を持って道に戻った。

「達者でな」

「また旅に出るつもり?　え?」

眼を吊りあげておくみがまつわりついたが、宇之吉はもう足を早めていた。その背に、不意におくみが叫ぶ声がした。

「行っちまえ、行ってどっかで死んじまえ」

宇之吉は振り向いて微笑した。いまほど、おくみがぴったり寄りそってきていることを感じたことはなかった。途方に暮れたように、おくみを抱きとめている源太にうなずくと、宇之吉はまた背を向けた。また罵《ののし》り声が聞こえた。

「行っちまえ、バカ親父！」

胸を抉るようなおくみの泣き声が、そのあとに続いた。

どこに行くというあてはなかった。ただこの土地に、おくみの父親で腰を据えることは出来ない、ということははっきりしていた。宇之吉の内部に、また地獄の記憶が甦る。

（藤沢周平「帰郷」）


振り向いた宇之吉の微笑。その微笑の裏側に垣間見える心の襞のうちに、もはやゆっくりと噛みしめるだけの時間的余裕のない「成熟」が一挙に訪れている。

宇之吉はおそらく、ただ罪滅ぼしのために娘孝行をしたのではない。一生を極道で過ごしてしまった自分の生き方そのものに一つの限定された意味を与えて落ち着かせたかったのである。「行っちまえ、バカ親父！」という娘の悲痛な声に宿る愛憎こもごもの思いが、宇之吉の人生の宿命的な意味をいっそう際だたせる。彼はこの声に満足に近いものを感じたにちがいない。

もうひとつ例を挙げてみたい。著者五十一歳の時の短編「うしろ姿」(『驟《はし》り雨』新潮文庫所収)。

女房に二人の幼子を抱えた裏店の住人・六助は、無類のお人好しで、外で酔っぱらって素姓の知れない酔客を家に誘い込んでは女房のおはまを困らせている。あるとき何と異臭を放つ乞食ばあさんを連れてきた。おはまはすぐにでも出ていってもらいたかったが、寒空に突き出すのも気が引けて、一夜だけ宿泊を許す。

しかし翌日部屋の隅にうずくまっている小さな姿が、かつて生計の不如意から弟の元に追い出すことになってしまった姑の姿に似ていることを六助に指摘されて、しぶしぶ四、五日置いてやることにする。風呂に入れて垢を落としてやると、意外にこぎれいな品のよいばあさんである。子どもたちを孫のようにかわいがってよい遊び相手になってくれるので、結局ずるずると置き続けることになる。

立ち退きを勧めていたある夜、風邪をこじらせていた下の娘の容態が急変し、夫婦はすっかりあわててしまう。ばあさんは突然きびきびと二人に指図し、熱い湿布をあてがって徹夜で看病に当たる。その甲斐あって娘は危機を脱しばあさんは命の恩人ということになったので立ち退きは棚上げとなる。さらに円満な大家《おおや》・金兵衛を通して夫婦の「善行」が奉行所に知れ、金一封を授かり、ますます追い出しにくくなってしまう。

ある日、六助の留守に、金兵衛が身なりのよい中年男をおはまのもとに連れてきて、ばあさんがその裕福な商人の実母であることが判明する。ばあさんは嫁との関係がこじれて家を出たのだった。絶対帰らないと言い張るばあさんを金兵衛が説得しおはまに同意を求めると、おはまは小さくうなずいてしまう。

ばあさんは奥の部屋に入り、身を縮こまらせて泣いているらしい。おはまは気がとがめて「そんなに泣くほどいやな家なら、もうしばらくいる？」と訊いてみると、泣きやんだばあさんは、やはり帰ると答える。体面を気にして十両の礼金を出した商人に、おはまは反感を感じ受け取れないと突き返す。


男と金兵衛の間にはさまれて歩き出したばあさんは、少し行くと振りむいた。そして不意に言った。

「また来るからね」

また来られてたまるか、とおはまはあわてた。あいまいに笑って手を振った。だが、心は何となく晴れなかった。男たちにはさまれて遠ざかるばあさんの小さな背が、六助にせき立てられながら弟の家に帰って行くときの姑《しゅうとめ》のうしろ姿に似ているせいかも知れなかった。不満を隠した、淋《さび》しそうな背に見えた。

「おはまさんも、これでほっとしたね」

と女房の一人が言った。

「まあね。片づいたからね」

とおはまは言った。自分の家へもどったんだから仕方ないさ。そう思おうとした。留守の間にばあさんがいなくなって、六助はびっくりするかも知れないが、その六助に、ばあさんのうしろ姿が、姑のおくめに似ていたことは言えない、とおはまは思った。

（藤沢周平「うしろ姿」）

この作品の白眉は、ばあさんとの別れの場面で、おはまの何度とないためらいの動きが見事に表現されているところにある。物語のはじめから、人並みの人情と、やさしいが困った性癖の夫への思い、姑を追い出したときの複雑な心情などが折り重なって、ばあさんを決然と追い出すことが出来ない揺れる心が一貫して描かれているのだが、ことに最後の場面になると、その心の揺れがわずかの時間のなかに最大限に凝縮されて現れる。

泣いているばあさんの小さい姿を見ては引き止めてみ、「また来るからね」と言われては「また来られてたまるか」と思い、しかし何となく心は晴れず、女房の一人に「ほっとしたね」と言われて「まあね」と応えてはみるものの、うしろ姿が姑に似ていることは夫に言えないと思う。それを言えば六助の心が動揺して、「なぜ帰したんだ」と難詰されかねないからである。

人間関係の処し方に迷いが生じるとき、どのようにしてもすっきり解決のつくことなどはこの世にまれだが、しかしとりうる行動はただ一つ、あたかも解決がついたかのように振る舞わなくてはならない。振る舞わなくてはならないが、迷いだけは脳裏に宿り続ける。この矛盾を自ら味わった経験と、その経験を夫には語れないという決意めいたものとが、おはまにある「成熟」の感覚をもたらしていることは明瞭である。
その意味とは、一つしかない人生のさまざまな局面において、いくつもの選択肢の狭間を右往左往しながら、やはり自分の身の処し方を一つに限定する以外にないのが人間の生きた姿だと悟ることである。そこに「ままならぬ世の中を小さな一身にそのまま引き受けて生きる存在の哀しみ」が現れる。

私たちは、こうした「成熟」の経験をしにくい時代に生きているのだろうか。豊かさがあり、便利さがあり、長寿があり、それなりに整った社会制度があり、自由がある。「死」が、「有限性」が何だか実感として遠いように思える。
でも、本当にそうだろうか。目を澄まし耳を澄まし、いくつもの関係を配慮しなくてはならない私たち自身の姿に心を重ね合わせるなら、ことさら老境に入るのを待つまでもなく、有限性を自覚する契機はいくつもひしめいているのではないか。藤沢周平の作品が読者の心を打ちつづけているのは、その一つの証拠ではないだろうか。

（二〇〇四年十月・『望星』）

藤沢作品に見る「諦念」の意味

藤沢周平の武家ものに時折、年寄りの意地っ張りがユーモラスな筆致に載せられて登場する。彼らは石高があまり高くない閑職に就いているか、隠居して息子に家督を譲った身分である。

著者四十八歳の時の作品「臍曲がり新左」（『冤罪』新潮文庫所収）では、主人公の治部新左衛門は藩中一の憎まれ者である。会う人ごとに皮肉や嫌みを言うからだが、じつは彼が煙たがられているのはそれだけが理由ではない。周囲の人々の感情のなかには、その怪異な容貌に対するものとも相まって、文禄慶長の役から大坂夏の陣に至るまでの輝かしい軍功に対する畏敬と遠慮の念も含まれている。

新左衛門の側からすれば、戦乱の世が治まってたるんだ時代になり、若い連中や政治に奔走する者たちが武士道精神を失っている状態がいちいち気に食わないのである。往年のいさおしが家禄に反映されないからではない。そういう政治的な権力欲のようなものは、もとより彼には無縁なのだ。いわばただ平和な時代に対する不適応感覚のゆえにのみ臍を曲げてみせる硬骨漢である。

新左衛門がさしあたり気になって仕方がないのは、軽薄で横着に見える隣家の若い総領・犬飼平四郎が、自分の美貌の娘・葭江《よしえ》とこそこそ睦まじくしている様子である。平四郎は犬飼家の跡取りだし、葭江は婿を取らなくてはならない。そういう掟の矩を踏み越えてきそうな平四郎のちゃらちゃらした態度につねづね苦々しい思いを抱いている。

あるとき新左衛門は、篠井という若者が城中で興奮し、平四郎に向かって抜刀して斬り合いを迫っている場面に遭遇する。新左衛門は大音声で篠井を震え上がらせてその場を制する。この小事件がきっかけとなり、彼は平四郎からこのいざこざの背景を聞くことになる。おぼろげにわかったところによれば、その根底にあるのは、諸家の娘を藩主に斡旋して閨閥を形成しようとする動きと、それを阻止しようとする対抗勢力との政争である。

新左衛門には若き日の、文禄の役の時の記憶が怒りとともに甦る。異国の地で飢えて傷ついた農家の少女を十日間ひそかに介抱したのだが、少女はようやく元気になったときに居所を発見されて藩主に提供されてしまう。新左衛門は、その時の自分の逆上の前に立ちはだかって少女の提供に荷担した同僚の加藤図書をいまだに許せないでいる。

その加藤はいまや出世して、今度はかつて自分が荷担したのと同じような専横を行なう勢力を封じようと画策する側の筆頭に回っており、新左衛門にも仲間に加わるように誘いかける。しかし「臍曲がり新左」はそこにただの醜い権力争いしか読みとらず、言下に加藤の誘いを拒絶する。

やがて平四郎の妹・佐久がだまされてこの政争の道具にされかかるが、佐久は隙をついて逃げ出し、城門近くで出くわした新左衛門に救われる。委細を知った新左衛門は、娘たちの斡旋を取り仕切る篠井の叔父・篠井右京の屋敷に単身乗り込んで、右京を一刀のもとに切り捨てる。

彼は上意討ちを待ち受けるが、平四郎のすばやい進言によって、加藤一派にその実情が知れる。加藤はこれを絶好の機会として、右京一派の失政の証拠を突きつけ、篠井一族を一気に追放に追い込む。新左衛門は平四郎のはたらきによって上意討ちを免れたわけである。

ようやく平四郎に対する新左衛門の日頃のひねくれた評価が決定的に変わり、奥で楽しそうにしている二人を娶《めあわ》せてやろうという気になる。「お似合いのお二人でございますな」という下僕の言葉にも渋面を作って見せながら、用意した篝火を消して闇が訪れたとき、初めて彼は人知れず頬を緩ませる。

この作品の主題は、言うまでもなく新左衛門の奥底にある筋金入りの正義感である。しかし、それと時代との折り合いの悪さを、「臍曲がり」という彼のやや滑稽でネガティヴなキャラクターにどこまでも重ね合わせて表現したところに、作者の卓抜な技倆が現れている。

最もおもしろいのは、平四郎に対する否定的な評価が新左衛門のなかでゆっくりと変化していく様子を活写した部分である。平四郎の一つ一つの言動に対し、新左衛門がその心理や表情や返す言葉を通じて、「むむ、こいつ、思ったより骨のあるやつだ」というようにだんだん納得していく過程が手に取るように描かれている。表向きは最後まで「臍曲がり」を通すのであるが。

受容しがたい平和ボケの時代に古武士の意地を通そうとして、この主人公の振る舞いは必然的に屈折する。臍曲がりは臍曲がりであることによって、周りからはけっしてまともに相手にしてもらえない。

そのことを新左衛門は感知していないわけではない。それどころか、わかりすぎるほどよくわかっているのだ。つまり、ただの剛直ではなくポーズとしての臍曲がりを貫くところに、自分の若いころとは時代は変わったという自己認識がじゅうぶんに繰り込まれているのである。そしてまさにこの自己認識にこそ、彼の老成した諦念がよくあらわされている。

しかもそればかりではない。新左衛門は、ふだんは政治に何の興味も示さないただの偏屈親爺だが、一朝事あれば武士魂を直情的に発揮する。このキャラクターが現代日本の読者の目にすこぶる魅力的に映るとすれば、それは、私たちの時代にも、いや、私たちの時代にはなおさら「通すべき時には通すべき筋を通す」といった態度が重要なものとして求められるからである。

諦念はただの投げ出しではなく、また「筋を通す」ことと対立するのではない。新左衛門は、日常の立ち居振る舞いにおいて臍曲がりで敬遠されてはいても、自分の仕事の領分を頑固に守っており、けっしてその性格をしゃしゃり出させた越権行為や迷惑行為には及んでいない。

それは「分を知る」生き方であり、人生に対する諦念をよくわきまえた態度である。日頃の臍曲がりの奥に隠された熱い義の情念は、それを発揮するにふさわしいところを得たときにのみ噴出するのだ。

かつて、戦後民主主義の支配する平和ボケの風潮に我慢がならず、「天皇」という観念にエロスを仮託し、ついに悲喜劇的な自己演出で命を絶って見せた一人の作家がいたことを、私たちは強く記憶している。

彼の振る舞いは、果たして「分を知る」者、「通すべき時に通すべき筋を通す」者のそれだったろうか。彼は武士道を称揚してみせもしたが、それはいささか過剰にロマンティックな称揚だったのではないか。

ほんとうの武士道というようなものがあるのかどうか私は知らないし、死を賭したこの作家の振る舞いを嗤《わら》いとばすつもりはない。

しかし、いっぽうは造形された人物、他方は実物という違いはあるにせよ、隠忍自重すべき時には「臍曲がり」程度の表現に自己を収めて、その精神をひそかに温存し続けるほうが、場違いなときに派手に割腹してみせるよりも、「ほんとうの武士道」に少しばかり近いような気がする。

もう一つ例を挙げよう。

著者五十六歳の時の作品「切腹」（『龍を見た男』新潮文庫所収）では、隠居して謡《うたい》に凝り始めている五十七歳の丹羽助太夫が主人公である。彼にはかつての親友でありながら二十年来交際を絶っている榊甚左右衛門がいる。二人とも若いころ道場では「龍虎」と噂されたライバル同士だった。

甚左右衛門は義侠心に厚く沈着冷静で手堅く仕事をこなしていくたちで、着実に出世していくが、助太夫は正義感ではひけを取らないものの、どちらかといえばせっかちに反応してしまう直情径行のタイプであるため、家禄は増えず、低い地位に甘んじている。

彼は甚左右衛門との間に根のところでどこかそりの合わないものを感じており、囲碁の勝負をめぐるつまらない対立をきっかけに絶交を申し出てそれきりになっている。

しかし助太夫は甚左右衛門に対する尊敬の念を少しも失ってはいず、また彼の出世に対する嫉妬の念はみじんもない。現に人事一新の機会に甚左右衛門を要職の地位に推薦すべく尽力したことがあり、逆に助太夫が上司と衝突して上意討ちの憂き目に遭いそうになったときには、甚左右衛門が単身で助っ人に駆けつけてくれたこともある。

武士の友誼を重んじながらも、仲直りにはけっして自分から首を縦に振らない意地っ張りの二人である。

その甚左右衛門が土木工事取り仕切りの失敗の廉で腹を切る羽目になり、あまつさえ不正をはたらいていたという噂を流される。不審に思った助太夫は、葬式にも出席しない代わりに、ことの真相をひそかに探り始める。

するとそこに藩財政の逼迫に乗じて担当家老の安斎六兵衛に取り入って、互いに結託して使途不明金を懐に入れ、さらに藩政に割り込もうとする大商人の姿が浮かび上がる。甚左右衛門は邪魔者として詰め腹を切らされたのである。義憤に駆られた助太夫は、調査資料を集め大目付に具申するが、やる気のなさそうな大目付は証拠がないとして一蹴する。

憤懣を抱えながら暗い夜道を帰途についたとき、背後から三人の刺客に襲われ、青息吐息になるが、折良く隣家の服部平助が通りかかる。平助は敏速に助太夫に加勢し、二人してどうにか刺客をしとめる。覆面をはいでみると、一人は例の担当家老の腹心の部下である。

これで動かぬ証拠をつかんだ助太夫は、平助に頼んで大目付に事情を報告してもらう。やる気がなかったと見えた大目付は迅速に動き、すべての書類を封印し、助太夫と安斎とを対決させてあっさりと安斎を不正の告白に追い込んでしまう。助太夫にまた平凡な隠居の日常がもどってくる。

隣家の平助は胃弱で、日頃から助太夫は、彼は意気地なしではないかとの軽侮の念をいくらか抱いていた。それゆえ助太夫が急に謡の大声を張り上げ始めたときにも、近所迷惑を気にする女房の以久の諫言《かんげん》にも取り合わなかった。

しかし、このことがあってから、謡本を開くことをやめている。

隣家の服部平助には礼物を贈った。そして平助に対して、以前とは違うかすかにはばかる気持が生まれたこともたしかだったが、謡の稽古《けいこ》を怠けているのはそのせいではない。助太夫はただ、何となく以前のようには謡に気が乗らないのだった。

（藤沢周平「切腹」）

助太夫はなぜ謡の稽古をやめてしまったのだろうか。

隠居生活に入ってから、それまであこがれの的だった師匠のもとに通い詰めていたのは、定年で暇になったらこれまでやりたくともできなかった好きなことを追求しようという、あのよくある心境であろう。しかしその心境を変えさせたものが、甚左右衛門の一件であったことは疑いがない。

それは、ついに仲直りを果たせなかったことに対する後悔の念とは少し違う。ただやはり、人生の大きな分かれ目が些細なことから二人の間に入り込んでしまったその運命の皮肉に対する苦い感慨が助太夫の新たな日常心を領して離れないのだ。

またそこには、軽侮していた服部平助に対して、人は表層の印象だけで判断してはならず、いざというときの身の処し方を見なくてはわからないものだという人間観の見直しの気持も含まれているだろう。

以上見てきたように、「臍曲がり新座」の場合も「切腹」の場合も、老いてから巻き込まれた事件を通して、主人公の意地っ張りのかたくなな心がしだいに解きほぐされていく過程が描かれている。しかしそれを解きほぐすものは、事件それ自体ではない。

じつは事件に対する主人公自身の感じ方のなかに解きほぐしの力は潜在的にあったのである。そのことは、平四郎に関して固定観念をなかなか崩そうとしない新左衛門の表層意識に対するユーモラスな「自分との闘い」が証明してあまりあるし、永らく絶交状態にあった友人の死に接して積極的に真相を探ろうとする助太夫の、常にない意気込みのうちによく示されている。

たまたま取り上げた二つの作品で、重要な脇役を演じる隣家の住人の名前に、作者が同じ「平」の字を当てていることも、単なる偶然とは思えない意味深な事実である。

じっさい二作の主人公は、隣家の住人のたたずまいに象徴される「平」にそのままなだらかに着地して行くにはいささか激しい気性の持ち主だったのだが、しかしいっぽうでは、「平」に対する単純な対抗心や破壊の情熱に染まりきっていたわけではなく、「平」への尊重の念をどこかで保存してはいたのである。

藤沢作品のどれにもそれが底流として流れていると言い切ってしまっては、訳知り顔の大げさな物言いになってしまうだろうが、円熟味の豊かな作品群には、どこかにこの「平」に対する尊重の思いが秘められている気がして仕方がない。そして私たちは、そこに、藤沢周平自身の「諦念の思想」の深さと静もりとを読みとることができる。

情報や競争のスピードに翻弄される現代に、「諦念」や「分を知ること」を普遍的な徳として声高に説くことが適切であるのかどうか、私にはよくわからない。いつの時代にも若い人にとって「ホリエモン」的な進取の気性は、必要でもあるし必然的でもある。

経済競争とは関係ないが、はばかりながら耳順に達しようとする私自身のなかにさえ、それに似た気力と野心はまだかなり残っている。それを抑えることはしたくない。ただ、ところを得た情熱の発揮場所を見定めるためにも、諦念や分を知ることがけっこう役に立つのではないかと考えている次第である。

(二〇〇五年四月・『望星』)

二章●普通に生きる2——労働・善・愛情

人はなぜ働くのか

先日たまたまテレビで、会社が倒産して失業し、数ヶ月職探しに奔走している中高年サラリーマンの特集というのを見た。

スポットが当てられた一人は、「何とかしなければ」と再三口にし、奥さんも「早く仕事を見つけてもらわないとやっぱり不安ですね」と漏らしていた。深刻ではあるが、残念ながら今の日本ではありふれた光景といってよい。

ところが、ご本人たちには申し訳ないが、私はこれを見ていて、単なる同情とは別に、ある感想がわき起こってくるのを禁じ得なかった。

日本人は、外国人に比べて、自分の不幸や不遇や悲しみを語るときにも、どこか頬の筋肉がゆるんでいて、時には「にやにや」しているように見える。

これは、他人に接するときの社交的な感情や、事態を仕方ないこととして受け止める苦笑の感情の表現として私たち日本人にはよく理解できるもので、別にことさら違和感をかき立てるということはない。しかしこれを外国人が見たら、どう感ずるだろうか。

というのは、この頬の筋肉のゆるみに加えて、インタビューを受けている彼らのうしろに映し出された自宅の光景が、和室がいくつもあるなかなか豪勢な建物だったのである。

そこで私は想像した。

もし日本語がまったく分からないバングラデシュやアフガニスタンやフィリピンの普通の人が、字幕も何もなしにこの映像だけを見せられたら、これは、豊かな日本家庭の生活を紹介した番組と勘違いするのではなかろうか。

私はここで、国際理解の難しさなどを説こうとしているのではない。また、日本人は世界水準から見ればまだまだ贅沢な暮らしをしているのだから、他の貧しい国のことをもっと思いやるべきだなどと非難しているのでもない。

そこそこ豊かなストックを持っている場合でも、なお大部分の人は働こうとする。この仕事を求めてやまない気持ちは、いったい何に由来するのだろうということを考えさせられたのである。

そこにあるのはおそらく、単なる「食っていけないことへの恐れ」だけではない。社会と何らかのかたちでつながっていてこそ、人としてのアイデンティティが保てるという、人間の本質にもとづくものにちがいない。つまり、人間は根源的に共同性からの承認を求める存在だということだ。

社会へ向かっての労働の提供は、この被承認欲求を満たす条件を最も一般的なかたちで備えている。だから多くの場合、遊んで暮らせるようでも、やはり人は働くことをやめないのである。

（二〇〇一年十一月・『経』）

働く意義と善との関係について

和辻哲郎の『倫理学』（岩波書店）を読んでいたら、懐かしい人類学者・マリノウスキーの名がしきりと出てきた。

和辻は彼をいろいろな面で非常に高く評価している。そのなかに、「南洋の土人」は自然の資源に恵まれているので、あくせく働かずに毎日怠けて暮らしているという十九世紀文明人の抱いていた偏見をうち破った功績について述べたくだりがある。

マリノウスキーの著「西太平洋の遠洋航海者」（『世界の名著第59巻』中央公論新社所収）によると、トロブリアンド諸島の現地人たちは、通常、直接食べるに必要な労働量の何倍も働き、収穫を積み上げてその出来具合を互いに品評しあい、また義理のために族長や同族のもとに運ぶ。耕作者が自分の労働から得るものは、「利益」ではなくて、収穫の出来映えに対する賞賛や批評、すなわち「価値づけ」である。

これは、単に人間の経済組織というものがいかに古くから発達した仕組みをそなえていたかということだけを教えているのではない。一見唐突に聞こえるかも知れないが、人間の善意志なるものがそもそも何にもとづいて組み立てられているかという哲学的な問題が同時に語られているのだ。

一言で言うなら、善意志とは、自分の属する社会のシステムを互いにうまく回すことへの参加と承認の意志なのである。

私はかつて、善とは別に際だって高邁な精神を発揮することではなく、たとえばバスの運転手さんのように毎日決められた仕事をきちんとこなすようなことだと書いたことがある。

古来、哲学者たちは善とは何かをめぐって形而上的な議論を重ね、カントにいたって神の意志に叶う「最高善」なる概念が編み出されたが、そんな概念は無用である。各人が礼節を保ち恣意的な欲望をむき出さずに適当によき対人関係や労働慣行を守ること、それによって自分も他人も満足すること、それ以外に善が成り立つ場所はない。

ここで、そうした善が実現されるためには、具体的な労働過程への参加が不可欠となるという点が重要である。正当に対価を支払って財やサービスを買うことも労働過程への参加である。購買行為が直接にそうだからというだけではなく、購買能力それ自体が、不労所得という例外を除けば、労働によってしか得られないからだ。

誤解しないでほしいが、私は「働かざるもの食うべからず」という説教をたれているのではない。各人が無理のない範囲で働くことによって社会システムがうまく回ること、それがすなわちそのまま社会的な善の実現だと言いたいだけだ。

働くことの意義は「食うため」だけではない。かといってそれが無条件に道徳的だから人は働くべきだというのでもない。

人間の関係が労働によってスムーズに動き、そのことが社会存在としての個々人に照り返して誇りと充実（人間としての「価値づけ」）を得られるから、人は働くのである。これは未開社会から現代まで変わらない。
もし働くことがただ味気なく苦しく、人は「食うため」だけで働いているのだという感覚が多くの人に実感されるのだとすれば、それは、社会的な意味での「善」が構造的にうまく機能していない部分を持っているからである。

（二〇〇六年五月・『ＳＳＫレポート』）

儀礼行為の意味

新年早々、抹香臭い話題になることをお許し願いたい。

身内に不幸があったので、喪中はがきを相当数書かなくてはならなかった。

年賀状書きの場合でもみんな経験していることだろうが、住所録や前年の賀状を傍らに置きながら、この人には出そうか出すまいか、一言書き添えるか何も書かないで済ませるか、この人にはどういう文言を送るのがふさわしいかなど、けっこう真剣な迷いに翻弄されるものだ。

かなりの時間と精力を要求されるので、やっているうちに疲れが出てきて、つい「やらなくったって、べつにどうということはない。この慣習、だれかがいちやめたと宣言してくれないものか」などと独りぶつくさ愚痴ってみたりする。

でも、やっぱりこの浮世の慣習には、侮れない意味があると思い直して、結局自分なりの妥協線を何本も引きながら、なんとかワンセットを作りあげ、ほうとため息をつく仕儀となった。たかが喪中はがき、されど喪中はがき。

儀礼的な慣習の侮れない意味――いったいその底のところには何があるのだろうか。

いろんなものが入り込んでいて一言で言うのは難しいが、あえて定義するなら、儀礼行為とは、公私両面にわたる自分のアイデンティティが試される場なのだと思う。

私たち日本人は、いまかなり寛容な世界に住んでいる。

ムラ社会的な世間の目やしきたりを互いに気にし合いつつ生きてきた日本人の生活感覚は、都市社会の成熟とともにずいぶん変質し、「やるもやらぬも本人の勝手次第。迷惑さえかけなければ、いちいち後ろ指を指されることを恐れる必要はない」という個人主義が浸透している。たとえば冠婚葬祭のやり方、勤務時間や服装、隣人とのつきあいなど。

しかし同時にこのことは、対人関係における「自己決定」の機会を増やし、その分だけ、決断に関わる不安を個人のなかに作り出しているといってよい。

というのも、まったく無限定な意味での「個人の自由」といった理念は、この世の実生活においては、具体的に実現されることはあり得ず、たとえ「個人主義」がいくら浸透したとしても、人間が生活していくということには、身体や情緒や理知を絶えず他者への表現として投げかけつつ、相互に影響を及ぼし合うことが本質的な条件として含まれているからだ。

つまり個人主義の浸透によって「世間」は放逐されたのではなく、ただ地縁性、土着性から離陸して、よりヴァーチャルでありながらなおリアルなものとしてその領域を拡大したにすぎない。

儀礼的な慣習は、現代社会では、一見、他者への強いられた「おつきあい」という側面だけで意識化されがちである。

しかしじつは、賀状交換のような一つの形式的なうつわを使って、私たちは、現在の「私」の社会的なありようそのものを再確認し、また同時に、それを部分的に壊したり作り替えたりして再編成しているのである。

このことは、実際に手を染めてみて、その経験をよくなぞりなおしてみればすぐ実感できる。

だれには書き、だれには書かず、だれにはこの程度のお知らせで済ませ、だれにはもう少し踏み込んだ表現を用い、だれには深い情緒の共有を訴える――こうした繊細で複雑な判断を使い分ける言語行為は、直ちに、自分自身の社会的人格がどのようなものとしてあるか、またありたいと思っているかという問いとなって撥ね返ってくる。

言葉をかけることによって、相手の存在をある具体的な仕方で認めること、それは同時に、自分が相手にどのような存在として承認されるかを（さしあたり、ただ一方的なかたちで）問いかけることである。そして、その承認のされ方が手応えとして実際に返ってくるとき、初めて「私」の人格が具体的なかたちとなって成立するのである。言い換えると、そこで初めて「私」という容器がある内容で満たされるのである。

いうまでもなく、賀状交換や喪中はがきは、単なる一つの機会、些細といえば些細な機会にすぎない。

私はここで、ある特定の儀礼的行為の大切さを説いているのではない。いわゆる「虚礼廃止」を堂々と実行している人のある種の強さを私は羨望しているくらいである。その人はそんなことをしなくても別の仕方でおのれの人格を立てているにちがいない。それはそれでいっこうにかまわないと思う。

私が説きたかったのは、特定の儀礼的行為の「大切さ」ではなく、その行為が象徴的に表現している人間論的な「意味」についてである。

どんなに儀礼的行為を簡素に切りつめたり放棄したりしても、人は、何らかの「挨拶」的行動から自由になることは不可能である。なぜならば、対人関係を抜き去った「私」とは、ただ頭の中で作られただけの空虚な観念にすぎないからだ。

（二〇〇一年十二月・『Ｖｏｉｃｅ』）

デマメールは社会を映す鏡

自分のお人好しぶりをさらして恥ずかしいが、パソコンにかかわる失敗談を一つ。

私はパソコンを使い始めて一年ちょっとになるが（二〇〇二年九月時点）、原稿書きとメール交換と、ときどき決まったホームページを覗く以外にはほとんどいじったことがない。だから、齢五十を超えた自分の環境に燎原の火のごとく広がったこのとんでもなく複雑精妙な代物のからくりを、しっかりマスターしてやろうなどという気は今さらなく、使って便利と感じられるところだけ知っていれば十分と思っていた。しかしコンピュータ・ウィルスが猛威を振るっているという情報が各所から流れてくるので、さすがに警戒感を高めてはいた。

そんな折り、ある信頼のおける知人から次のようなメールが入った。

いわく、「テディベア」なる悪質なウィルスが、メールの送受信にかかわらず、アドレス帳を通して広がっており、感染後二週間でシステムを決定的に破壊するので、これこれの手順で検索して、見つかったら削除し、すべてのアドレスに通知してほしい……。

私はつい信用し、言われたとおりに素早く実行した。ところが数十分後に、複数の筋から、これがまったくのデマメールであるとの情報を得た。私に知らせてくれた人もだまされていたのだ。
今度はあわててそのことを皆さんに知らせ、削除した自分のファイルを復元しなくてはならなかった（ご迷惑をかけた方たちに、この場を借りて改めてお詫び申し上げます）。

聞けば「テディベア・ウィルス」情報がデマであることは、すでに二ヶ月前から一部では知れ渡っていたとのこと。ちなみにテディベアのアイコンは、はじめからウィンドウズの所定のファイル（jdbgmgr.exe）についているのだそうで、まだご存じでない読者は、デマメールにご用心。

それにしても、素人の悲しさよ。

ところでなぜこの話題を取り上げたのかというと、自分の迂闊さはさておき、人々の不安を煽るためだけのこのいたずらが、なかなか人間社会というものの成り立ちをよくわきまえた巧妙な手口を使っているということを反省させられたからだ。

いうまでもなく、人間の社会は、言葉を仲立ちとした信頼・信用のネットワークとして存在している。ところが言葉というものは、奇怪な性格を持っていて、真実を伝えることもできれば嘘を伝えることもできる。

いや、実はこういったのでは言葉の本質を捉えたことにはならない。言葉は、その表現された実態を形式としてみる限りでは、真実を伝えているのでもなければ嘘を伝えているのでもない。それは、発語者の、客観的にはいまだ不明な、ある意図の表出（自己投企）であるという以外のことを示してはいず、何ら真偽の尺度を自分自身の中にもっていないのである。

私たちは、このことを実感として知らないわけではない。にもかかわらず、言語文化を生きる以外に自分の生を構成できないので、ある言葉が自分にとって肯定的な意味や価値をもつものであるかどうかを、たえず形式としての言葉以外のさまざまな手段によって判断しなくてはならない不安を抱えている。

それらの手段とは、学習されたものとしての論理的な整合性、発語者との信頼関係、言葉が発せられた状況と言葉自身との密着感、発語者の言葉の発し方に見られる切実感、等々である。しかし厳密に言えば、これらの判断尺度もまた、必ずしもはっきり白黒をつけられるものではない。

そこで現実には私たちは、これらの条件を複合的に勘案しながら、蓋然的に真実らしいと感じられる言葉にとりあえず信をおきつつ、互いの社会的関係を作っていくほかない。真実とはもともとそのつど虚構していくものだ。

デマメールは、人間のこの逃れられない事態をうまく突いている。この試みが成功するのは、社会人がおかれた二つの不可避的な条件を逆用しているからである。

一つは、特定または不特定の他者の善意を信じなければ社会が成り立たないということ。そしてもう一つは、世の中には（ウィルスをまき散らすような）悪いやつがいるという警戒心から自由になれないということ。

私たちはいわば、この二つの矛盾する命題の「間」で生きている。だからこそまた、

「正義」とか「責任」とかいう概念も画定しがたく、被害者が同時に加害者にもなりうるような混乱した事態も生じうるのだ。

デマメールは、かつての「流言飛語」や「不幸の手紙」や「ねずみ講」などと類似のパターンである。そこには、いま述べたように、あらゆる人間社会が「言葉の両義的性格」を基礎として成り立っているという構造が透けて見える。

ただかつてと違っているのは、情報の伝わるスピードのすごさと広がりの巨大さである。私たちは、すでに抱えてしまったこの自縄自縛的な文化特性をどうすればうまく克服できるだろうか。

（二〇〇二年九月・『Ｖｏｉｃｅ』）

人はなぜ恋をするのか

プラトンは次のように考えた。

恋する心（エロス）は、それ自体としては美しいものでも醜いものでもなく、自分の中に何か欠けたものがあることを知って（この感情を抱くことを、彼は「身ごもり」ととらえる）、それを満たそうとして美しいものを求め、「美しいもののなかに出産しようとする」ことである、と。

ここまでは、「恋心」というもののあり方をよくとらえているように思える。しかし彼は進んで、そのめざすべき「美しいもの」には、次のような価値の序列があると説いた。低いほうから言うと、まずだれか特定の人の肉体の美しさ。次に、肉体の美しさ一般。次に、人間の営みや法のなかにあらわれる魂の美しさ。最後に、美しい知識、つまり「神的な美そのもの（美のイデア）」。

恋する人は、特定の肉体の美という、感覚でのみとらえられる段階から始まり、しだいにこの序列を踏んで、より肉的な段階を「さげすむべきもの」として捨て去っていき、究極的には永遠不死なるものとしての「美のイデア」を愛する地点にまで達するべきである……。簡単にいえば、知を愛する者（フィロソファー、哲学者）こそ、最も恋の道を究めた者だというのである。

この考え方は、精神的な愛を称揚した「プラトニック・ラブ」という有名な言葉の元をなすものである。でもなんだかおかしい、私たちが普通、恋と呼んでいるものは、そんなものではないはずだ、なにやらとても禁欲的で、息苦しい感じがしてくる——あなたはそう感じないだろうか。

そこであなたが、もしこのプラトンのエロス思想への違和感を実りあるものにしたいと思ったら、次の四つのことを果たさなくてはならない。

①どこに彼の論理のおかしさがあるかを、論理そのものから見破ること
②対象や質が異なると思える人間のいろいろな感情をどうして、「愛」という言葉でひとくくりにできるように私たち自身が感じるのか、その理由を探ること
③プラトンがこういう説を唱えた、その動機がどこにあったのかを、当時の社会の要請のなかから読みとること
④私たちが普通に使っている「恋愛」とか「恋」とか呼ばれる言葉（概念）の本質が何であるかを、新しく展開してみせること

順を追っていこう。

まずプラトンは、ここで一種の論理的な詐術を二つ用いている。

一つは、いわゆる恋愛感情と知への愛とを「同一視」していること、そしてもう一つは、いわゆる恋愛感情を、「美一般」を恋い慕う気持ちの一種であるとして「抽象化」していること、である。

人に対する恋愛感情は、けっしてプラトンの考えたように、知への愛にアイデンティファイできない。なぜならそれは、あくまで一人の自我と身体をもつ存在を対象とし、その固有な特性そのものとの心身の合一と共鳴をめがける感情であって、そこに現れるのは、確固たる自我の境界が危うくなり関係性の揺らぎのなかに融解していくような経験だからである。

これに対して「知への愛」が正当に果たされるためには、むしろ逆に、揺るぎない理性的自我が「正しい知」を冷静に識別し、その姿を曇りなく「観ずる」という賢者の毅然たる態度が要求される。

また、人に対する恋愛感情は、必ずしも「肉体の美しい人」や「心の美しい人」を求めるとは限らず、ましてや「美一般」を志向するなどというところに本質をもっていない。恋の経験を多少とも味わったことのあるものなら、すぐ納得するだろうが、「身体美」や「心の美」の持ち主が恋愛対象としていつも勝者になるかといえばそんなことはない。「蓼食う虫も好きずき」とか「破れ鍋に綴じ蓋」という言葉があるように、「身体美」は恋愛成立の絶対条件ではなく、また、道徳的な「悪い男」や「悪女」にどうしようもなく惚れていく例が数多くあるように、「心の美」もまた恋愛の必須条件ではない。

ここには、後に述べるように、「肉体の美」と「心の美」という二元的な対立論理のどちらかに加担したのではどうしてもはみ出してしまう、恋愛独特の価値感情があるのであって、それをきちんと言い当てる必要があるのだ。

次に、それにもかかわらず、プラトンの説が一定の説得力を持ってきたのには、それなりの根拠がある。

それは、私たちが、ある共通感情を「愛」という言葉で呼び慣わしていることにかかわっている。一般に「愛」とは、引きつけられたものに向かって自分の心身を投げ出そうとすることによって、その対象との同一化を願う感情のことである。

それは行動に対する意識の先駆けであり、いわば前のめりになった内的な行動であるために、いかなる対象をめがけようと、そこには、せき止められている者に特有の昂揚感情が伴うのである。人類愛、親の子どもに対する愛、友愛、恋愛など、みなこの共通点をもっている。

ただし、子細に見れば、それらはそれぞれ質や対象を異にするものである。現に古代ギリシャ語では、これら四つを言葉で区別していたそうだし、私たちも実際の生活において、これらの異なるモードを使い分けている。

あれも愛、これも愛とひとくくりにするのではなく、私たちが愛と呼び慣わしている感情のうちに、どんな対象的・質的区別があり、しかもそれら相互の間にどのような両立不可能な矛盾が胚胎しているかをよく見ることが大事なのだ。

次に、ソクラテス―プラトンの生きた古代アテナイ黄昏の時代には、性愛による快楽の激しい強度を放置するのではなく、その激しさ自体を手なずけながら、よき国家、よき共同体を立て直す「正義」や「徳」のためになんとか活用できないかという問題意識が自由市民の間に広汎に存在した。

というのも当時は若者を立派な公民として育てる公的な教育機関はまだ存在せず、年長者が年少者に政治や文化の価値を伝授するのに、個別的なエロス関係を通じて行なうという習慣が一般的だったからである。

だから、こうした問題意識がプラトニズムのような「快楽から善へ」という思想に編み上げられるのも、それはそれでむべなるかなというところがある。「私的な恋(主として自由男子市民の同性愛)」を、公共性の維持継続を支える基盤にするというのが、彼らにとって切実な課題だったのだ。

最後に、恋愛(性愛)感情の本質についてであるが、私たちは、それを考えるのに、どこかその実態を超越した「高み」に導くものだというような、外部からの意味づけをなしてはならない。

人間の恋愛(性愛)感情の本質は、特定の個体どうしが、それぞれの心身の醸し出す「雰囲気」を交錯させることによって、そこに「互いの合致」の可能性を見いだすというところにのみ求められる。

ある場合にはそれは、肉体的な要素が強い媒介となるし、別の場合には心的な要素が条件の意味となる。しかしいずれの場合にも、その合致の形成は、肉体と魂とのどちらかに価値の優先権をおいて把握できるものではない。

それは、それぞれの個体がそれまでの人生途上で培ってきた歴史的・身体的な「雰囲気」の表出を仲立ちとすることによって成立するものであって、けっして、「美一般」とか「知を愛すること一般」といったイデア世界に還元することによってではない。

そういうわけで、恋愛感情はあくまで個別特殊な「対」関係のあり方を、まさにその特殊性ゆえにめがけるというエロス的な特質からけっして逃れられないのである。

ところで恋愛は「情緒」の世界でのできごとである。そして、「情緒」とは一般に、自分たちの生がそれぞれ個別ばらばらで有限性を免れない事実を、そのままでは承認できない主体的な問題として引き寄せるところに発する意識のあり方である。

なぜ人は恋をするのか。それは、身体が孤立しているというだれもが抱える事実を、なんとか乗り越えたいとする希求の意識にもとづいている。恋愛は、この希求の意識を、心身の結合に伴う快楽という「物語」によって満たそうとする試みである。

そしてこの個別性を解消しようとする「希求の意識」こそは、人間の本性をなすものであり、人生に「意味」をもたらすための基本条件をなしているのである。

また、恋愛が神仏信仰と似て非なるものであるのは、後者（神仏信仰）が、揺らぎのない絶対者と、不安定な自我との関係として成立するのに対し、前者（恋愛）が、相互に不安を抱えた自我どうしの関係を前提とするという点である。

そこからいえるのは、恋愛においては、相手の欲求の満足を実感できることが、こちらの欲求の満足にとって不可欠であるということ、またその裏返しとして、互いの欲求の満足の間に「ずれ」が生じるとき、葛藤や闘いといった危機の様相を必ず呈するということである。

プラトニズムの偏向は以上の認識でほぼ克服できたと思えるが、最後に一言付け加えておきたい。

最近「人間は遺伝子の乗り物にすぎない」といった疑似自然科学的世界観に象徴されるように、人間の恋愛（性愛）感情を、種としての無意識の保存本能から解釈するとらえ方がはやっているが、これは通俗的で、安易な考え方である。人間は生殖本能から自立して恋愛し得るし、またどの恋愛主体も自分の動機を「種の保存本能」などという「生物学的解釈」に求めはしない。

こうしたわけしり顔の解釈は、生物としての人間の共通の制約を客観的な視点から言い当てているだけであって、けっして、「恋する」実存者の自己了解を提供するものではないのである。

（二〇〇二年五月・『人間会議』）

「男の純愛」は可能か

「愛」という言葉は、とかく美しい誤解のもとに語られがちである。私たちはまったく質の違ったものをひとくくりに「愛」と呼ぶ粗雑な習慣に慣らされているので、この言葉を使うときには、どういう意味で使っているのか自覚的でなくてはならない。

しかし粗雑な習慣とは言っても、いくつかの質の違うものをそのようにひとくくりにするからには、そこに何らかの共通点もまたあるにちがいないので、そのこともまたみておかなくてはならない。

私は、「愛」という言葉を、「惹きつけられた対象に向かって自分の心身や持ち物を投げかけることによってその対象と一体化したいと願う感情」と定義づけている。これが「愛」という概念の共通点である。

では、さまざまな「愛」の質の違いはどこからくるかと言えば、それは、「惹きつけられる対象」の違いにもとづく関係のあり方からくる。そこで、対象を人間に限定して、その上でその対象の違いによって「愛」を分類してみると、およそ次の四つになる。

①博愛――この場合、対象は、観念として考えられた「人類一般」である。しかも代償としての「愛されること」を求めないことがその要請として含まれている。だから多くの人

にとって実感に乏しく、倫理主義的な、無理をしたかたちをとりやすい。対象を特定できないので、もっともその根拠が希薄である。

②性愛——これは例外を除いて、一人の肉体的に成熟した異性を対象とする。しかし人間の性愛は、その対象や様式が多様に散乱している（同性愛、SMその他）。またこの愛の姿は、身体の深い接触による快楽を伴うために、他と比べて際だって激しくかつ能動的である。性愛はそもそものはじめから必ず「愛されること」を求める。

③親子愛——これは母性愛がその代表である。この愛は、対象が一つの身から分離した存在であるということを根拠としており、逃れられないこの分離の事実に対する代償としての意味を持っている。

母性愛は、①と同じように無償であることを出発点としてはいるが、その受け手である子どもが親の愛を感じたときには、自然に親をその対象とするようになるし、親もまたそれを潜在的に期待している。しかしこの愛は、他のそれと違って、うまくはたらくほど、長い時間の経過と共に、対象同士の分離自立が促進されるという逆説のうちにある。

④友愛——これは生活や価値観を共有する具体的な他人同士の間に生まれる。契機が偶然的であるために、平時において感情として希薄で脆弱な点、また見返りを期待しない点では①と共通するが、その対象が危機に陥ったときには、しばしば①をはるかにしのぐ大きな力を発揮する。

これら四つの「愛」は、それが生活のなかで実現されるとき、互いに矛盾し、相克する。

対象と様式がみな違うからである。人々は人生のプロセスで、これらの異なる「愛」を時と場所に応じて使い分けている。

ところで、「純愛」と言うとき、ふつう②の「性愛」の範囲内にかぎって使われる。これは、性愛が他の愛と違ってそれだけ不純なものを含みやすいことを逆に証拠立てているだろう。

そしてその理由もまた、この「愛」が、その対象において「一人の成熟した個別身体」をめがけており、その様式において必ず相手から愛されることを期待しており、その強度において激しく能動的である点に求められる。

なぜなら、こういうスタイルの「愛」は、互いの自我を不安定にさせずにはおかず、その不安定さに乗じて、理想化された「愛」の観念とは異なるいろいろな要素が忍び込みやすいからである。

しかし、考えてみると、「純愛」という言葉もよくわからない言葉である。いったい何を指して純愛と言っているのだろうか。

辞書でひいてみると、「邪心のない、ひたむきな愛」（『大辞林』三省堂）などと書いてある。ではここで言われている「邪心」にはどんなものが含まれるのだろうか。

まず思いつくのは、相手の財産や地位や社会的能力などに対する打算が入り込んでいる場合である。

次に、容姿のセクシーさだけを追い求めて、相手の全人格に惚れるのではないようなケースである。

また相手がこちらに気がありそうなのにつけ込んで一時の性欲を満たすために相手をものにするといった場合も考えられる。

さらに、プレイボーイや悪女のように、誘惑すること自体にそのつどスリルを感じる「恋の冒険者」なども含まれるかも知れない。

だが、言葉というものは、もともとはっきりとは分けられないものを無理にでも切り分けようとする。

いったいに、異性に惚れると言うとき、これらの「邪心」が一つも入り込んでいない場合などあり得るだろうか。またたとえ「邪心」がなくても、はじめはそんなに自発的に好きではなかったのに相手の情熱にほだされてだんだん、しかし相手と同じほど強くはない程度に好意を持つようになった場合とか、不倫恋愛をしていて相手が配偶者か自分かどちらかを選んでくれと言っているのにずるずると決断を伸ばしている場合なども、「純愛」の範疇《はんちゅう》から外されてしまうだろう。

だとすれば、他の性愛と形式の上で区別される絶対的な「純愛」など現実にはほとんどないといってもよい。

とすると、「純愛」という言葉で私たちが表現しようとしているのは、その形式上のあり方よりは、むしろ情熱の真剣さとか濃さのことであると思われる。

たぶん人は阿部定のような例に「純愛」の典型を見ているのだろう。だがこれを本当に成就させることは、文字通り至難の業だ。

さて、ここにさらに性差の問題が絡んでくる。「男の純愛は可能か」――こんな問いを立てること自体、何となく女に比べて「純愛」能力が劣っていることをはじめから認めてしまっているようだ。だが、結論を先に示唆しておくと、男の純愛は、その真剣さと濃さにおいて、危ういところで可能なのである。

ともあれ、男と女の間に横たわる性愛関係の構図の、動かし難いあり方について確認しておこう。

すでにあちこちで書いてきたことだが、性愛関係の構図における動かし難いあり方を象徴するもっともわかりやすい例は、次の三つである。

一つは、痴漢、強姦、強制猥褻、露出症、窃視癖などの性犯罪や性的逸脱を犯すのは、ことごとく男であること。

二つ目は、売春市場が、少数の例外を除いてほとんど男が買い、女が売るかたちで成立していること。

三つ目は、大衆的なメディアの代表である週刊誌のうち、男性読者向けと女性読者向けの区別がはっきりしているものでは、両者の間に、その記事や広告の中身に顕著な違いが見られること（男性誌には女性ヌードやH系の広告があふれているが、女性誌には美容にかかわる記事や広告があふれている)。

これらの現象が象徴するところを一言で総括するなら、女性は「エロスの宝」を自らの身体(ただの肉体ではない)に内蔵しており、それを男性に向かっていかにうまく表現するかによって性愛能力が試されるのであり、逆に男性はその宝をいかにうまく手に入れようとするかというところで性愛能力が試されるのである。

この事実を表層だけでたどると能動—受動のベクトルは男性から女性に一方的に向けられているように見える。また実際、男性は女性を一個の人格として恋するよりも、美しい顔とセクシーなボディの持ち主であるかどうかによって相手を選んでしまう傾向が強い。

しかし、ことはそう単純ではない。

というのは同時に、この非対称な関係の構図は、心理的には、性愛関係を成立させるのに必要な許諾権をもっぱら女性が握っていることをも意味しているからである。男性が暴力や権力や金にものを言わせて女性の体を奪うのでないかぎりは。

そこで、次のことが言える。

どのような理由にせよある男がある女を恋したとき、その恋心は、許諾が得られるかどうかをめぐって悶々とした悩み(恋煩い)に発展しやすい。それが高じて相手をつけ回す行動になって現れれば、いわゆる「ストーカー」となってしまう。

ストーカーという言葉は近年定着した言葉だが、要するに恋煩いが歪んで表現された行動様式である。女のストーカーがあまりいないのも、性愛における非対称な関係の構図とその構図を基盤とした男性の側の理性的な抑制とが結びついた結果、女性がもっぱら許諾権を握っているという事態が成立しているからである。

金銭や暴力を媒介にしないこのような心理的関係では、比喩的に言えば、通常の売春とは逆に、たいていの女は気まぐれな買い手であり、大してもてないふつうの男は必死で自分を商品として売り込まなくてはならない売り手である。やや誇張して言うなら、女は、男が女を必要としているほど、男を必要としていないのだ。

そして、ここが重要なところなのだが、「男の純愛」と「ストーカー」とは、じつは紙一重である。紙のこちら側には許諾権を得ようとあがいている「もてたい男」「もてない男」がいる。それは強引な行動に出ないかぎり、まさに「純愛」なのである。薄紙一枚を破って向こう側に出てしまった男はたちまち犯罪者とされてしまう。

『春琴抄』の佐助のように自ら春琴との一体化を実現すべく両眼を突いて盲目となるほどの覚悟がなければ、やはり「男の純愛」を成就させることは至難の業と言えよう。

（二〇〇四年十二月・『木野評論』）

人はなぜ家族を営むのか

◉子どもの養育が家族の根拠？

人はなぜ家族を営むのか。

この問いにうまく答えるには、もし人が家族を営まないとどうなるかと考えるとわかりやすい。

家族を営まなくても、男女の性交渉は行なわれるだろう。すると、全員が常に避妊するのでない限り子どもが産まれてくる。周知のとおり、人間の乳幼児は放っておけば死んでしまうような未熟の状態で何年も過ごさなくてはならない。そこで、手厚い養育の必要が生じる。誰がその役割を背負うのか。

それは産みの親が背負うのが一応自然なことに思える。すると、子どもが大きくなるまでの期間は、産んだ母親と産ませた父親とが一つのまとまりを作ってその任を分けもつのがこれまた一応自然に思える。そこで、夫婦関係と親子関係という一つの家族の原型が取り出せたことになる。ちょうど多くの鳥がそうやっているように。

これでもうはじめの問いの答えは出てしまったようだ。人は養育の必要から家族を営むのである、と。

だがじつは、「一応自然なこと」とことわったように、これには反論も可能である。人間は血縁関係を超えた社会集団（共同体）を作って生きる動物である。共同体が、いま述べた家族の生物学的な原型を超えたかたちで安定的に成立していれば、必ずしも産んだ母親と産ませた父親とがセットになって養育をになう必然はない。生まれてきた子どもは共同体の全員、あるいはその役割をあてがわれた特定のメンバーによって育てられることが可能だからである。

じっさい、太古の原始的な共同体ではそういうことがあっただろう。というのも、「産んだ母親」という観念は、自然的な事実に強力に支えられているのできわめてわかりやすいが、「産ませた父親」という観念は自明なものではなかったからである。特定の男女の性交渉と妊娠との間に切っても切れない関係があるということを人類が知ったのは、さほど古いことではない。

文化人類学者のマリノウスキーは、『未開人の性生活』（新泉社）のなかで、調査対象となったある部族がこの因果関係をけっして認めようとしなかったことを記している。

彼のフィールドワークによれば、彼らは、性交渉は女性の膣に精霊が入り込みやすいように穴を開けるだけであり、子どもができるためには必ず精霊の仕業がなくてはならないと主張して譲らなかったというのである。その論拠として彼らは、誰もが性欲の対象としてしか扱わないひとりの醜女を例に挙げて、彼女はたくさんの男にもてあそばれているにもかかわらず、少しも妊娠しないではないかと言ったそうだ。

また、一定の地位や権力をもったカップルが、その間にできた子どもの養育を引き受けない例はいくらでもある。乳母などの存在がそのことを示している。

さらに、ある特定の地域と時代に通い婚の風習が存在した（らしい）ことを考慮するなら、先の、「養育の必要」から「産みの父母とその子ども」というまとまり集団としての「家族」を根拠づける論理は、ますます薄弱なものとなる。

現代に視点を移してもこのことは言える。

現代では、共働きが多いために、乳児の段階から保育所に子どもを預ける例がたくさんある。私は個人的にはこれをあまりよいことと思っていないが、理念としては、こうした例をもっと極端に押し進めて、子どもが産まれたらその養育はただちによく環境の整った専門の養育機関に預け、産みの父母と子どもとの関係を断ち切るというかたちを考えることも不可能ではない。

つまり家族を解体させて次世代は社会全体が育てることにするという人為的・機能主義的な発想である（これについては最後に再び言及する）。

このように考えてくると、人がなぜ家族を営むかの理由を、子どもの養育の必要にだけ求めるのでは不十分だということになる。

では、そのほかにどんな要因が考えられるだろうか。はじめに提示した論理の筋道には、どこかに見落としがなかっただろうか。

◉家族成立の条件

まず考えるべきなのは、そもそも家族を正式に営むためには、その前に結婚が必要とされるという事実である。そこで、結婚とは何か、人はなぜ結婚するのかと問うてみなくてはならない。

結婚とは、特定のカップルが排他的で持続的な性関係を結んだことを周囲の社会から承認してもらうことである。たとえ性関係だけが持続していたとしても、周囲の社会からの公式的な承認がなければ、それを結婚とは呼ばない。

では、なぜそんなことをする必要があるのだろうか。

それは、人間の持つ性意識の特質によっている。人間の性意識は、発情期を失っているために、もともと、いつでも誰とでも性関係を結ぼうとする志向性をもっている。この開かれた志向性が、人間の性関係の乱脈さを潜在的に基礎づけているのである。

事実、人間の性関係はほうっておくといくらでも乱脈になる。あるいは、権力の強い男が多数の女を独占するということにもなりがちである。これは安定した社会生活を危うくする。

こうした事態は避けられなくてはならない。というのも、社会生活の秩序を根源的に規定しているものは、人々が互いにかかわるもう一つの領域、つまり労働の領域だからである。労働の領域に性愛の力学が侵入すると、それは複数の人間（男女）が集まって何事かをなすための統制がきかなくなり、その秩序は一気に破られる。

人類はこのことを知って、二つの領域の混交を避ける知恵を学んだ。性愛の領域がいまも当事者だけの「秘め事」とされているのはそのためである。

この知恵はいろいろなかたちで活かされてきたが、最も明確な制度として根づいたものが「結婚」である。

あるカップルが結婚することの社会的な意義は、それによって、一組の性愛関係に他の人間がみだりに侵入せず、同時に、結婚の当事者がみだりに他の異性と性的なかかわりをもたないという歯止めを、自他に対して強く印象づける点にこそある。このことによって、当事者も周囲の者も、とりあえず安心して労働の共同性に参加できるという心理的な安定を得るのである。

もちろん、結婚は市民契約とは違って、ただの心情的な約定であり、けっして絶対的な拘束を課すものではない。ことに現代のような自由主義社会では、この心情的な約定を当事者や他の誰かが破ったからといって、罪を着せられることはない。それは離婚や不倫が横行していることからも明らかである。

しかし現代でも結婚が祝福されることを考えると、それが右に述べた意義、すなわち、一般的な労働の共同性が安定的な秩序を維持するために、一組の性愛カップルの排他的な相互独占を承認するという意義が曲がりなりにも機能していることが知られる。

結婚が祝福されるのは、二人の間に「永遠の愛」なるものが保証されたからではなく、ある特定の性愛的な共同性と一般的な労働の共同性との間に「棲み分け」モードが成立したからなのである。

次に、結婚した夫婦が名実ともに「家族」と呼ばれるに値する集団のメンバーとなるためには、そこに子どもが生まれなくてはならない。

むろん子どものいない夫婦も家族と呼んで一向にかまわないが、それは夫婦が夫婦であるかぎりいつでも子どもをはらむ可能性のうちに置かれていればこそである。子どものいない夫婦は、いわば家族の予備軍である。

子どもを産める生理的な年齢の限界を超えてしまった夫婦でも、養子という手があるわけだから、それが「家族」概念を形成できる予備軍であることには変わりない。

家族とは、こうして、社会的に承認されたヨコの性愛関係と、そこから生まれてくる子どもとのタテの関係（親子関係）という、互いにクロスした構図を核とするところにはらまれる共同観念のことである。

家族とは、あれこれの構成メンバーが作る生活実態ではなく、私たちがそれぞれの慣習にしたがって認めるところの「観念」なのである。

さて、子どもができた場合に、何をもって家族と呼べるかと考えたとき、両親が単に養育の責任を果たすだけでじゅうぶんかと言えば、じつはそうではない。それだけだったら、多くの鳥や一部のほ乳類も行なっていることである。ここにも、私たちがともすれば見落としがちなすぐれて人間的な条件がからんでいる。

その条件とは、一家族の中で、夫婦関係以外のメンバー間では性的な交渉をしてはならないという規則、つまり近親相姦の禁止の規則が徹底されることである。

先に述べたように、人間の性意識は、いつでも誰とでも性交渉をもちうるという可能性のうちに置かれている。また禁止の規則があるにもかかわらず、じっさいに水面下では近親相姦は多く行なわれている。

そもそも、禁止の規則があからさまに存在すること自体が、そういうことが行なわれていることを証している。それはちょうど、誰も人殺しをしないのだったら、「殺人の罪」なるものを法的に規定する必要がないのと同じである。

もし近親相姦が社会的に公認されれば、その時点で家族は「家族」であることをやめる。なぜなら、その場合には、配偶者関係及び血縁関係のなかで、だれそれはだれそれの「父」であるとかだれそれの「妻」であるとかだれそれの「妹」や「兄」であるといった相互認知の了解が崩壊するからである。この相互認知の了解が崩壊した関係をもはや「家族」と呼ぶことはできない。

たとえば、ある父と娘の相姦の結果そこに息子が生まれてくれれば、その息子は娘の子どもであると同時に、娘と父親を同じくするわけであるから、娘の弟でもあるというような混乱した事態が出現する。

これらの関係の混乱がさらに発展して錯綜すれば、もはや特定の誰と誰との関係は何関係であるか名指すことが不可能になる。つまり「家族」という認知の構造が、観念としては崩壊するのだ。

このように、近親相姦の禁止の規則は、見えにくいところで「家族」という観念そのものを強力に支えているのである。両者は同じ観念の裏と表と言い換えてもけっして過言ではない。

◉家族成立の歴史

以上のように、家族が「家族」として成立する条件は三つあって、この三つだけが本質的な条件である。その他のこと、居住の仕方とか、経済の運営の仕方などは、状況に応じて多様な実態として現れる便宜的な条件にすぎない。その三つとは——

①一組の性的なカップルが、その排他的・持続的な関係を維持することを当事者も周囲も認めること。
②この性的関係から生じた子どもの養育責任を、当の性的なカップルがになうこと。
③その内部において、配偶者同士以外の性的な交渉が禁止されていること。

これらが家族を成立させる本質的な条件であるということは、逆に言えば、これらの一角が普遍的に崩れれば、私たちが「家族」と呼んでいる共同性は、その存立の必然性を失ったことになる。

結局のところ、「人はなぜ家族を営むのか」という問いに対する答えは、私たちの誰もがこれらの条件のどれか一つを完全になくすことを望むかどうかという問いに置き換えることができる。

すでに述べたように、人が数千年の間家族を営んできた背景には、単にそれが自然な気持ちだからとか、寂しくてエロスの共同性を作ることにやみがたい欲求を抱くからといった主観的・感情的な理由だけではなく、人間の性意識がもともときわめて乱脈なものであって、それを放置すれば社会的な共同性が成り立たないという客観的事情が存在していた。

右の三条件は、どれか一つを落としてしまうと、この客観的事情を確実に侵食することになる。またこの三条件は、互いに関連し合い支え合って「家族」という観念の形成と維持とに与《あずか》っている。

たとえば、②の養育責任を完全に抹消すると、③の禁止観念が揺らぐし、①の結婚の承認がどうでもよいと考えられるようになれば、乱脈さが前面に躍り出るので、②の条件もいいかげんなものになってしまい、③もまた崩される可能性が大きいだろう。

さてそうだとすると、私たちは、そんな世の中を望むだろうか。というよりも、そういう滅茶苦茶な世界がどんなものか、リアルにイメージできるだろうか。

家族は「観念」であると言ったが、それは人間社会の秩序をぎりぎりのところで防衛するための「擬制」であると言い換えても同じである。この「擬制」はしかし、どうしても必要な擬制ではないだろうか。

ところで、ふつう私たちは、「家族」なるものが太古の昔からくっきりと社会制度として存在したと考えがちである。しかし、そう単純に考えないほうがよい。というのは、先にも述べたように、それは人類が性的な結合の強さと血縁の観念とを基盤として編み出した一種の知恵の産物（人倫的な共同体）であって、時代をさかのぼればさかのぼるほど、その輪郭はあいまいなものとなるにちがいないからである。

家族とはあるまとまりの観念だから、他の共同性との関係によってその輪郭もまた定まる。おそらくかつての小さなムラ社会的（氏族的、部族的）な共同体では、私たちがいま考えるような家族的な共同性はそれほど強く意識されなかった。

その代わりに、ある共同体全体の宗教とか、労役を通じたまとまり意識（たとえば狩猟や航海や戦闘に参加する男たちの共同性）のほうが重みをもって受けとめられ、配偶関係や血縁関係の認知構造としての「家族」は、その原理を保存しながら、それらの共同性（同胞意識）のなかにぼんやりと融解していたと考えるのが妥当だろう。

時代が下るにしたがって異なる共同体同士の交雑が起こり、これらの同胞意識は複雑なものとなって拡散した。そしてそれをまとめ上げるためには、国家のような超越項が構想されなくてはならなくなった。

その過程で家族的な共同性は、一般的な共同性やそれを統《す》べる国家と明瞭に区別されるものとして、ちょうど粒子が下層に沈殿するように強く意識されるようになってきたのだと考えられる。

しかしいっぽう、家族は近代になって初めて成立したというようなよく見かける言説も極端である。配偶関係や血縁関係の認知構造としての家族観念は、やはり歴史時代のはじめから存在したと見なすべきで、それはたとえば、山上憶良の歌やギリシア神話（たとえばオイディプス神話）や旧約聖書などからじゅうぶんにうかがえることである。

◉家族に代わる共同性は可能か

家族的な共同性の観念が古い起源と深い理由をもつことを記述してきた。最後に、現代日本において家族が危ういと感じられるとすれば、それはどうしてなのか、そのことにはそれほどの根拠があるものなのかについて言及したい。

家族の危うさは、いま次のようなかたちで感知されている。離婚率の増加、未婚者・単身者割合の増加、晩婚少子化傾向、結婚に対する規範意識の希薄化など。

しかし、まず統計上、時系列的な連続性が得られないためたしかな証拠がないが（推定的な数字はある）、明治の初期は時代の激動期にふさわしく、いまよりもずっと離婚が多かったと言われている。

また一般に離婚率の増加は、それだけでは家族の未来を占うことにならない。というのは、再婚率の変動状況を同時に見なくてはならないからである。じつは離婚率の上昇と併行して、ここ数十年、再婚率も大幅に上昇しているのだ（拙著『男という不安』ＰＨＰ新書参照）。これはつまり、人々の結婚願望、家族形成願望が衰えていないことを示している。

さらに、未婚者の増加や晩婚少子化傾向も、それだけでは家族の危機を証拠立てる指標にはならない。

というのは、第一に、確信的な独身主義者というのはいつも一割に満たず、この割合はここ何十年かでほとんど動いていない。つまり、大多数の人々は「できれば結婚して家族を作りたい」と思っているのだが、さまざまな社会的要因に規定されて仕方なく未婚、晩婚、少子状態になっているのである。

第二に少子化がどれだけ進んでも、どの夫婦も子どもゼロとなることはあり得ないし、少子化が家族や社会の未来にとって悪いことども一概に言えない。

また、これもたしかな統計的根拠がないが、江戸時代のような身分制社会では、二男、三男などは嫁を迎えることが非常に難しく、一生単身で暮らす者がたいへん多かったと言われている。離縁、再縁もしょっちゅうだったらしい。

それでも家族は続いてきた。単身者が相当数増えても、それは家族原理一般の危機を意味しないのである。

ミもフタもない言い方になるが、独身で一生を終える人が多くても、それは一代かぎりで終わってしまって次世代にほとんどなんの影響も与えないから、家族の原理はそのまま継承されるのである。結婚規範の希薄化も、一生結婚しない人に比べて、結婚する人が少数派になってしまうほどにはならないだろう。一国の人口が減るだけである。

はじめのほうで、子どもの養育責任を両親から引き剥がし、社会の手にゆだねる理念について触れたが、これはイスラエルのキブツ、ヒッピーコミューン、一時期のソビエト連邦、ヤマギシズムなどで一種の原始共産主義的な理念として実験的に試みられた。しかし、いずれもある範囲以上には広がらず、その内部においても矛盾を克服できずに衰退している。

その衰退の理由はなんだろうか。二つ考えられる。

一つは、自分の産んだ子どもは自分の手で育てたいとする人間の基本的な欲求である。これが全社会にわたって消滅することはあまり想定できない。

もう一つは、共同体が子どもたちをみんなで育てるという理念をほんとうに徹底して実行するためには、その前に男性がどの女性とも自由に性関係を維持することを相互承認しなくてはならない。すると、父親が誰かをめぐって嫉妬感情の交錯や財産継承の争いが巻き起こることになる。

この混乱を収拾するうまい方法はないと言ってよい。原始共産主義的な理念は、じつは意外なことに、こうした性的な関係にかかわる人間のこだわりの部分と根本的に抵触するのである。

そういうわけで、私たちが近代市民社会的な「家族」と呼んでいる形態は、それなりの歴史的な知恵の上に組み立てられた観念なのであって、これが基本的な原理の部分でそうそう簡単に崩れることはないと考えて大過ないであろう。

(二〇〇五年四月・『こころの科学』)

きずなは解体するか

現代の人間関係は希薄になっているかという問いを投げかけると、たいていの人が「イエス」と答えるだろうと思う。何を希薄というかについて厳密な了解があるわけではない。ただ昔に比べて何となく身体間に通じる体温が冷ややかなものになっているという印象をだれもが抱いているに違いない。

この「印象」がどれだけ客観的な真実であるかどうかはしばらくおこう。ただ多くの人がなぜそういう印象を持つのか、その由来を言い当てることは割合簡単である。

戦後半世紀のちょうど中間あたりで、日本には大きな変化が起きた。それは、豊かな近代都市社会の完成である。

都市社会は、交通通信網やもの・サービスの流通システムを発達させるから、当然、個人主義を促進し、個人同士がわざわざ身体間接触をしなくても日常生活に困らないという事態を実現する。暑苦しい地縁的なつながり、厳しい村落的な掟といったものがその必然性を失うのだ。

この変化の感覚が、私たちに、古いものへの郷愁を呼び起こす。過去はいつも美しく見える。「喉元過ぎれば」の体《てい》で、かつての社会の抑圧性、貧困が引き起こす心のすさみといったことを私たちは忘れ、義理人情の生きていた世界とか、祭りにおける集団の熱気とかに思いをはせる。

たしかに昔は、そういうよい意味での濃密さや「ぬくもり」に満ちあふれていたような気がしてくるのだ。だがもちろん昔がそんなによいことばかりであったはずはなく、私たちの多くがその特有のきつさから逃れたいと思ったからこそ、現在のような社会を作り上げてきたのだということを忘れてはならない。

ドイツの社会学者テンニエスがゲマインシャフト（共同社会）とゲゼルシャフト（利益社会）という二項概念によって社会を把握しようとしたことはよく知られている。血縁や地縁など、自然的、伝統的な原理によって結ばれる社会関係が前者であり、株式会社のように、利益追求を原理としてばらばらな個人を人為的に結びつける社会関係が後者である。

この二項概念的な把握はたいへん便利なところがあって、一見、社会の近代化に伴う変化の感覚をよく説明してくれるように思えるので、だれもが無意識のうちに取っている思考方法である。

近代社会の人間関係はゲゼルシャフト的なものがしだいにゲマインシャフト的なものを駆逐してゆく過程をたどると考えると、時代（いつの時代にも！）の危機意識に奇妙にフィットするのだ。現代を拝金主義とエゴイズムの時代と決めつけて嘆く態度などはこの典型である。だが果たしてこの感覚は正しいだろうか。

近代化の進展を共同体の崩壊過程と見なす把握の問題点は、ゲマインシャフトという枠付けが、マクロ的、現象的すぎて、その内部にある原理的な違いを区別できない点である。具体的にいえば、地縁社会と家族とはそれぞれの共同性の原理より見てけっして同一視できない。都市社会化は、たしかに地縁的な共同社会のきずなをあまり必然性のないものにしていくが、家族的なきずなをも崩していくかというと、必ずしもそうではない。

たとえば確実な実証的根拠と呼ぶに値するものはないが、我が国における前近代としての江戸時代には、嫁をもらえないで一生独身で暮らす二男、三男は当たり前だったらしい。また、近代の黎明期としての明治初期はいまよりも離婚がずっと多かったといわれている。この説に添うなら、近代はむしろ家族のきずなを強める方向に働いてきたのである。

さらに現代に視点を移してみよう。

文部省（当時）統計数理研究所が五十年近く続けている「日本人の国民性調査」によると、「一番大切なものは」という問いに「家族」と答える人が高度成長の頃は一〇％台だったのが、その後目立って増え、いまでは四〇％台で圧倒的多数を占めている。

この結果をどう見るかはなかなか微妙である。家族にしかよりどころが見いだせなくなったからその価値観に必死ですがりついているともいえるが、同時に、そうした危機意識の維持それ自体が、健全な共同性感覚の反映とも考えられるのである。

つまり、テンニエス的な枠付けによる一種の「共同体崩壊史観」（彼がそういう史観を抱いていたわけではない）にだけしたがってしまうと、現代のように、私たちの生活意識が「公」的な建前よりも「私」的な本音を重んじるようになってきたことの中に含まれる肯定的な意味を救い出せないのである。

現代は利益社会化がもっぱら進んでいるわけではなく、一方ではむしろ「私」的なきずなを大切にしようという傾向が強まっているのだ。そしてまた「私」的なきずなを大切にするということは、一部のフェミニストなどが促進したがっているような個への解体志向とは一線を画するものとして捉えられなくてはならない。

現代は孤独なひきこもりや、なかなか結婚に踏み切れない若い男女がたしかに増えている。現代の「私」的なきずなは、村落社会のような地縁関係と規範に支えられなくなった分だけ、不安にさらされているとはいえる。

しかし半面、こうした孤独感の深まりは、私たちが人間関係に対するまともな渇きを抱えていることでもあって、その「まともな渇き」のあり方に人間関係再構築の希望を見いだすことも不可能ではないのである。

（執筆年月不詳・『毎日新聞』）

三章◉

人生という壁

——老い・孤独・自殺

中高年男性の正念場

最近、私が懇意にしている二人の中年男性が、これまで永年勤めてきた職を辞した。一人は私と同年輩の優秀な編集者で、さる有名出版社の専務を務めていた。もう一人は、私より六歳ほど若い養護学校の教師で、独力でパワフルなミニコミ雑誌を発行してきた。

もちろん、二人ともリストラされたわけではない。この不況の時代にあって、あえて志を貫くべく、自分から退職したのである。元編集者のほうは、書きたい本もあり、しばらくはどこへも転職せずにぼーっとした立場に身を置いてみて、自分が何をし出すかを見守ってみたいという。元教師のほうは、雑誌の発行を続ける傍ら、フリーのライターや編集を手がけていきたいという。

時勢が厳しいので、一応引き留めてみたが、彼らの意志は固かった。

私は組織に属した経験がないので、一つの組織に何十年も勤めるということが、本人たちの内面にどんな澱をためていくのか実感できない。しかし想像するに、「もうこれ以上続けてはいられない」とか、「このままで終わる気はない」とかいった一種の不完全燃焼感が、相当切実なものとしてせり上がってきたのだと思える。四十代後半から五十代前半、一つの正念場なのだろう。

少子高齢化社会の問題があちこちで騒がれている。しかし、意外と見えにくいのが、中高年のライフスタイルの問題である。

かつては、平均余命が短く、子沢山で家計も苦しかったから、末っ子が成人する頃にはだいたい親はへとへとで、そのまま「老後」というステージに滑り込んだ。

ところがいまは違う。たいてい子どもは一人か二人ぐらいしかいないから、遅くとも五十代前半ぐらいで子どもが成人し、家族メンバー相互の関心が拡散する。たとえ同居を続けるとしても、精神的な態度としては、一人ひとりが個として生きることを強いられる。

家族のためにがんばるという男の大義名分が成立しない時間、つまり自分のために生きる意味を見いださなくてはならない時間が二十年くらい続くのだ。

そのとき、何とか元気で活動できる残りの時間を組織に捧げたくはないと強く感ずる男たちがたくさん出てきても不思議ではないだろう。若者のフリーター現象が話題になっているが、これからは中高年フリーターも増えるかもしれない。

日本の社会はそういう志向をうまく支えていくことができるだろうか。

（二〇〇一年八月・発表誌不詳）

アンチ・アンチエイジング

ときたま、昼のテレビ番組を見るともなく見ることがある。すると、健康や美容に関するテーマが多いことに少なからず驚かされる。

例の関西テレビ「あるある大事典Ⅱ」騒ぎも、納豆にどれだけ健康効果があるかについての科学的根拠をめぐって引き起こされたものだったから、この騒ぎは、日ごろ人びとがいかにこのテーマに執心しているかをよく示している。

今年から団塊世代の定年退職が始まるというので、高齢者の生き方についての論議が盛んである。そのなかで、健康や若さをどのように保つかという関心が中心部分を占めることは疑いない。老いに逆らおうとする「アンチエイジング」熱はこれからますます高まっていくだろう。

学問研究から消費市場にいたるまで、どれだけのお金が流れるのか、想像もつかない。いまにしてすでにそうだが、健康食品や医薬品をはじめとした老化防止策のための商品・サービスのたぐいがやたらと目につくようになるにちがいない。

だが、ちょっと待ってよと言いたい。「生涯現役」とか「いつまでも若く美しく」と叫び続けることは、そんなにいいことだろうか。ここには何か欺瞞的なものがありはしないか。

むろん若さや健康を保つことは、悪いことではない。これらが保てないと、しっかり生きることが難しくなり、周囲にも迷惑を及ぼしかねないからだ。

しかし、若さや健康は、生きて何かをなすための手段であって、目的ではない。それを自己目的化してしまうところに、現代の健康ブームやアンチエイジング熱のおかしさがある。

納豆に健康効果があるかどうかを科学的に証明しないで報道することがあれほど非難されるという事態は、何かしら度を越している。「死んでもいいから健康でありたい」というジョークがあるそうだが、「一億総健康オタク」とも称すべき昨今の風潮は、どうもこのジョークがぴたりと当てはまる観を呈している。

若さや健康を保つことがこれほど自己目的化するのは、時代や社会が平和で豊かな証拠であるともいえるが、この傾向が一種のニヒリズムであることもまた指摘しておかなくてはならない。ここには、「何のための」若さや健康なのかという問いが欠落しているからである。そして、この傾向は、老いというものがさらす冷厳な事実を見えなくさせる。

どんなにがんばって若さや健康を追求してみても、しょせん老いはやってくる。かつて人びとは、それを逆らえない自然過程として受け入れていたのではないか。昔は、末の子どもを育て上げると、だいたいの親は、心身ともに十分老いぼれていた。

幸か不幸か、現代では、六十歳定年を迎えても、あと二十年も生きなくてはならない。

この可能性がなまじ開けてしまったために、死までの長い期間をどのように過ごすかという悩ましい問題が立ち上がる。これは人類史上初めてのことと言っても過言ではない。

そこには当然、人間関係をどう築き直すかという問いや、安定した生活を確保できるかどうかという経済的な不安も入り込んでくる。これらは、単純に「いつまでも若く美しく」を強調しているだけでは処理しきれない知恵を私たちに要求している。自分だけが「若く美しい」つもりになっていても、そのためにかえって、周囲が老いの醜さをかぎつけることがあり得るからだ。

どうせ老醜をさらすなら、ひとりはしゃぎは止めて、老いをいかに自然過程として受け入れるかという態度を学びたいものである。

（二〇〇七年四月・『公明新聞』）

暗い、暗い話

内閣府が発行している『自殺対策白書』（平成十九年版）を眺めていると、不謹慎ながら、いろいろと面白いことに気づく。以下、箇条書き風に書き並べてみよう。

①高度成長期以前の自殺率は、六十五歳以上の男女が圧倒的に高く、現在ではかなり減っている。ことに女性のそれは低下が著しい。オバサン、オバアチャンはしたたかに生き抜いているのだ。

②若年層（十五歳～三十四歳）の自殺は、高度成長期以前には、男女ともに際立った頂点をなしていたのに、現在、男女ともに低い。これは、凶悪犯罪の検挙率が、かつて二十歳代に飛びぬけて多く、現在激減してその年齢特性を失ってしまったのと、ほとんど重なる傾向である。多くの若者は、つらい人生を逸脱もせずに粛々と生きている。

③これはすでによく指摘されているが、最近九年間の自殺者三万人超という驚くべき数字に貢献しているのは、もっぱら四十五歳から五十九歳までの中高年男性である。時代のスピードに無理してついて行こうとして過労に陥り、不景気、リストラなど重なり、奥さんも助けてくれず……初老期うつ病・孤独死軍団が今日も行く。

④母集団の数が少ないので、あまり決定的なことはいえないが、ここ数年、二十歳代女性の自殺が顕著な増加傾向を示している。これまで同年齢の男性の半分以下だったのが、しだいに男性に迫っている。現業に携わって安月給でこき使われ、白馬の王子も現れず、ダイエットも留学も、「本当の自分探し」もうまくいかないか。

しかし高度成長期以前には、その絶対数も自殺率もいまよりずっと多く、しかも男性とそんなに遜色なかったのである。

⑤無職者の自殺者数は、どの時代でも多いが、最近の自殺者数全体の増加傾向とカーヴが酷似していて、約半分を占める。ただし、その内訳を見ると、「ホームレス」や「失業者」は、「その他」に比べ、圧倒的に絶対数が少ない。じゃ「その他」って誰だ？　ひきこもり？　うつ病患者？

いずれにしろ、メンタルな問題を抱えた人が相当数を占めると考えられる。ちなみに「失業者」というのは、雇用保険受給者などにカウントされた人を指すのだろう。

こう見てくると、③の中高年男性と、⑤の無職者の「その他」とが、かなり重なり合っているという推論が成り立つ。この世代の男性労働者たちは、ＩＴ社会や成果主義の到来を津波のようにもろに受け、しかも九〇年代半ばからの不景気風にもまれて働き盛りを送ってきた人たちだ。うまく乗り切れずに落ちこぼれてしまった人が多く出て当然かもしれない。

おまけに、ここへきて金融不安と年金不安だ。この人たちは、将来もまた、あまり明るくないかもしれない。なんだかこんな不吉な予言めいたことを言うのも気が引ける感じがする。元気なオバサンやオバアチャン、彼らを見捨てないでくれまいか。

しかし④の傾向を見ると、女性も問題をはらんでいる。あと二十年経って彼女たちがオバサンになったとき（すぐだよ）、日本の政治経済情勢が好転していなければ、男への気遣いどころではなくなってしまうかもしれない。ナムアミダブ。

さて、自殺は本当に「不幸」か？　生前、よほど周りに迷惑をかけていたのでもないかぎり、周りの人にとってはほぼ間違いなく「不幸」な事態といえるだろう。では本人にとっては？

エピクロスは、生きているあいだは死は関係なく、死んでしまえば意識がなくなるのだから、前もって死を恐れることは無意味だと言った。

だが、こうすっきりとはいかない。エピクロスの理屈は、人が死ぬときには生きる力をしだいに減退させて死に近づいていくのだという、「死」のリアリティを説明できてない。

自殺の場合にも同じことが言えて、自殺に至るまでの過程で、ほとんどの人は気分の落ち込みを味わっているのである。そこで本人にとっては、自殺を遂げたことそれ自体が不幸なのではなく（この点ではエピクロスは正しい）、死の手前にある生が不幸なのだ。

（二〇〇八年十月・『ＳＳＫレポート』）

中高年期における男性アイデンティティの危機

◉はじめに

人生八十年時代と言われていて、団塊を中心とした中高年世代はまだまだ元気だという認識が当たり前のように通用している。しかし本当にそうだろうか。平均余命が延びたために、私たちは「まだまだ元気に生きなくてはならない」という暗示にかけられているにすぎないのではないか。

私自身の実感からすれば、五十代後半から六十歳くらいまでの男性は、いろいろな意味で深刻なアイデンティティの危機に見舞われやすい時期であるように思える。そしてこの事実は、平均余命が延びようが延びまいが、昔からあまり変わっていないのではないかと考えられる。

まず心身の衰えがこの時期に急速に襲ってくる。糖尿病などの慢性病はこの時期に多く発症するし、腰痛や五十肩や老眼に悩まされるようになる。脳血管障害やガンの罹患率もぐっと高まり、体力、性欲、記憶力なども減退し、集中力も衰え、新しい知識や技術を吸収できなくなる。

また、もうじゅうぶんに人生経験を積んできているので、物事に新鮮な感動を覚えなくなる。仕事や家庭の面でもなすべきことが一段落し、そのために精神的な空虚感に見舞われやすい。夫婦関係もすり切れているケースが多い。かといってひとり楽隠居を決め込むほどの条件にも恵まれているわけでもなく、これから何をして生きていったらいいのか、明確な老後設計がうまく成り立たない。

この稿では、そうした不安定な時期に焦点を合わせて、中高年男性の自殺の問題、夫婦関係の問題、孤独死の問題などについて考えてみたい。

◉エロス関係の貧困が自殺の理由

ここ数年、年間自殺者が三万人を超え、その多くの部分は中高年男性で占められている。その主たる理由としては、リストラによって今後の経済的な展望が見えなくなってしまったことが挙げられるのがふつうである。そこには、家族になるべく後顧の憂いがないよう、保険金を残そうと考えたという理由が付随することもある。

これらは、外面的にはっきり目に見える「理由」である。しかしこれらの「理由」は、どうも自殺者たちの内面に踏み込んだ上で納得を与えるには何かしら歯がゆいものを感じさせる。本当に彼らは経済的な理由だけで自殺を図っているのだろうか。

自殺という大きな事件があると、周囲の人々は、その積極的な「理由・原因」を探し求める。生前、何かそれらしきサインを出していたか、何か心当たりはないか、というように。

しかし、ある種の人は消極的な理由によっても自殺すると思う。自分がだれかに必要とされなくなってしまった、意欲を持って取り組むべきことがなくなってしまった、一通り何かが終わってしまった、なにも面白いと思えることがなくなってしまった、など。

人は、ことさらな不幸感情に支配されているのではなくとも、これから先、生きていても仕方がないという心境に陥ることがある。そうなれば、実行にはいたらないまでも、自殺を意識することはごくふつうのことだと思う。「別にもう死んでしまってもいいかな」という感じである。

しかし、多くの場合、みずから死を選ぶことはやはり怖い。だから、何か日々のやるべきことや、自分が死んだら悲しんだり迷惑をこうむったりする人がいるという事実にこと寄せて踏みこたえている。そういう人はけっこういるのではないか。

五十代後半から六十歳くらいまでは、ちょうどそういう心境に襲われやすい時期である。この年齢は、一部の人を自殺に呼び込むための水位が共通に高まってくる一種の危険区域と言ってよい。

子どもが育ってしまう。仕事の成果の可否にそれほど熱中できなくなる。一通りのことは経験して、人生の大筋が見えてしまう。またいっぽうでは、来るべき老いの時期をどのように過ごすかについて、明確な展望があるわけではない。

新しい技術の波にもすいすいとついていけない。あと何年生きたとしても、大して新鮮な人生が待っているわけでもない。長生きして老醜をさらすことになり、周囲に嫌がられたり迷惑をかけたりする可能性も大きい。思えば何だかこれまでの生涯もつらいことや苦しいことのほうが多かったような気がする……。

こうした気分に陥っている人に、何かの現実的なきっかけが作用すれば、ふいとそのほうに押されるということはあり得る。自殺というのは、それがじっさいになされる場合には、ほとんどその人がそのときに置かれた「気分」の必然の問題である。

死人に口なしだから、自殺者の心境は憶測することしかできないが、中高年男性の自殺の場合、仕事のストレスとか、経済的困窮などの積極的な条件が直接原因になっているケースは、案外少ないのではないか。中高年男性が自殺の気分に襲われる要因として私がむしろ重要視したいのは、身近な「エロス関係」の貧困である。

◉中高年女性の家族意識の希薄化

もう何年も前の話になるが、事業に失敗した中小企業の社長が三人揃ってラブホテルで自殺した事件があった。いい年をしたオヤジが道連れ心中をしたという話は、それまであまり聞いたことがなかったので、けっこうショックだった。

そのとき考えたのは、経済的な困窮状態が心中死を招くという場合、もっと昔だったら家族単位で行なわれたのに、いまではそうならないらしいということだった。

経済的困窮からの親子心中や一家心中は、大正から昭和の初期にかけてたいへん多かった。戦後もけっこうあったようだが、高度成長以降は、ほとんど聞かなくなった。バブル崩壊以後の不景気の期間でも、経済的な困窮を理由に家族がまとまって心中するという事件はあまりみられなくなってしまった。

さて、このことがかなりの確度をもって言えるとして、ここには、中高年女性の家族意識の変化が読みとれないだろうか。熟年離婚が増えていることからも想像できるように、多くの女性は、甲斐性のない配偶者をわりあい簡単に見限るようになってきているのだ。

熟年離婚の場合、女性が経済力を身につけたことが大きな要因の一つとなっているだろう。しかし、ここで注目したいのは、現実的に破綻してしまうケースだけではない。中高年男性が仕事で失敗して困り果てたときに、それにどこまでも連れ添う気持が女性のなかで希薄になっているという点である。

不気味なことに、たとえ離婚しなくても、女性は長年連れ添った配偶者を心理的にやすやすと見捨てていることが多いのではないか。

先に挙げた、男同士で自殺してしまうというのはあくまで特異例だろう。しかし、中高年男性の自殺が増えている事実と、一家心中がみられなくなった事実とを突き合わせてみるとき、そこに、中高年女性が家族一体感を希薄化させているという傾向が浮かび上がってくる。

男が仕事がらみで死ぬか生きるかの瀬戸際に立たされても、いまどきの妻はどうも、「死ぬなら家族みんなで一緒に死のう」とか、「あなたが窮地に立たされているなら私が何とか支えるからどうか死なないでちょうだい」などと発想しないようである。

そんなこと、今ごろ気づいたの、とフェミニストの女性にからかわれそうである。しかし、女性の見限り意識は、男性の側の無意識の反転した鏡でもある。おそらく、家族メンバーの意識と無意識における個人主義的な傾向は、男女を問わず、もうずいぶん前から進んでいるのだ。その心理的な現実をまずお互いが認め合わないと、相手に対する期待感情は空を切ってしまうだろう。

こうして、困ったとき、寂しいときにたよりになるエロス的な相手を中高年男性は失いつつある。この孤独感と、人生展望のなさや生活の疲れとが結びついたときに、「自殺気分」が形成されるのだと思われる。

そこで次に、中高年男性特有の孤独感の背景として、この年齢における性意識が異性間でどのようなギャップを示しているかを見てみる。

◉男は体を求め女は心を求める

四十代から七十代まで、およそ千人の男女（夫婦）を対象にセクシュアリティのあり方を調査した『カラダと気持ち　ミドル・シニア版』（荒木乳根子編著・三五館）によると、中高年層の性の意識に関して、男女の間にいくつかの顕著な違いが見られる。

①男性は、相手の性的欲求が自分より乏しすぎると感じている割合が高い。逆に女性は、相手の性的欲求が自分より強すぎていると感じている割合が高い。

②「気乗りのしないセックスがあるか」という問いに対して、男性は「ない」と答える割合が高い。逆に女性は「ある」と答える割合が高い。

③「望ましい性的関係は？」という問いに対して、男性は「性交渉を伴う愛情関係」と答える割合が高い。対して女性は「精神的な愛情やいたわりのみ」と答える割合が高い。

④さすがに六十五歳を超えると、男性でも前者が急減し、代わって後者の傾向が増してくるが、それでも七十代の男性で「性交渉」を重んじる割合は四人にひとりを占める。対して女性七十代で「性交渉」を重んじるのは、十人にひとりほどである。

⑤女性の場合、「精神的な愛情」のほうは、すでに五十五歳から急増して、全体の半分を占めるようになる。また七十歳を超えると、「その他」「無回答」が三割に達する。男性で「精神的な愛情」を第一に挙げるのは、六十五歳以上でも三割ほどである。

⑥離婚願望は女性のほうが男性よりもずっと高い。反対に、「配偶者以外の異性に惹かれることがあるか」という問いに対しては、男性のほうが女性よりもずっと高い。

⑤で、七十代女性の「その他」「無回答」の割合の高さは、その内実がわからないが、想像するに、「そんなことはもう考えない、どっちでもいい」という乾いた態度が多いのではないかと思われる。

これらの顕著な違いから言えることは、男性は肉体的な欲求や交わりを重んじる傾向が強く、女性は心のつながりを求める傾向が強いということである。男性は、自分の性的な能力がもう効かないということを自覚してようやく、心のつながりを重視するようになってくるのだろう。

「いくつになっても男と女」とよく言われるが、この命題は、お互いに性的に求め合う（べき）ものだという認識を大前提としたところに立てられている。異性を求めることにおいて両者は同じだと考えられているのだ。

しかし、その内実に立ち入ってみれば、実態はそう単純ではないことがわかる。むしろ、両者の心理的なすれ違いがなくならないという意味で、「いくつになっても男と女」なのである。

このように考えてくると、やはり男と女の性意識の違いは、老いの過程に入っても、そのまま引き継がれるという結論が導き出せる。心理的なギャップは埋まらないどころか、ますます開いてしまうのかもしれない。一対一の性愛関係という厄介なものから撤退して、ほんとうに男女こだわりなく社交世界に生きることができるなら話は別だが。

◉男性を遺棄する女性のしたたかさ

二〇〇五年九月、テレビの「NHKスペシャル」で、千葉県松戸の築四十五年を迎える団地に千五百人もの中高年男性が独居し、仕事もろくろくないまま毎日を呆然と過ごしている有様が放映された（『ひとり　団地の一室で』）。

年齢層の中心は、四十代から六十代前半。家賃が安いので、吹き溜まりのように集まってきたものと思われる。失職し、妻や子どもたちにも逃げられてしまったのだろう。要するに、一種の「遺棄」された男性群である。ホームレス寸前といっても過言ではない。

この男性群を何とかしようと古くからの住民が自治会を中心に、孤独死予防センターを設置し、いろいろなはたらきかけを行なっている。興味深い（といっては不謹慎だが）のは、スタッフたちの年齢が、当の男性群よりも高く、七十代以上だということである。

ある男性は、家中をゴミの山にして足の踏み場もないようにしているので、お婆さんがゴミを片づけにやってくる。

別の男性は求職活動のためか生活保護や障害者年金の給付を受けるためかで公的機関を訪れるのに、わざわざお爺さんに付き添ってもらっている。

また別の男性は、引きこもったきりで孤独死の心配があるので、新聞がたまっていたりすると、「何々さん、大丈夫ですか！」と年長世代の人たちに外からドアを叩かれる。

予防センターでは、彼らを社会に少しでも復帰させるための相談窓口を設置している。

この番組がもたらしたインパクトは、大きくいって三つある。

一つは、一般に、現在の五十代から六十代の男性は、それよりも年長の世代に比べてかなりきつい目に遭っているのではないかという点だ。

年長世代は、よく言われるように、終身雇用、年功序列の企業慣行にうまく乗り合わせて、かなりの退職金や年金を手にすることが出来た世代である。つまり彼らは、経済的な意味では、比較的順調に「老後」の設計を立てることが許されたのだ。

しかしリストラの波をもろにかぶった五十代から六十代は、一度その憂き目に遭うとなかなか社会的な復帰が難しい局面に立たされている。団塊世代の人口の厚さも手伝ってか、思うような就職口が見つからない。福祉の恩恵にあずかろうとすれば、「あなたはまだまだ若いのだから自力で働き口を見つけて更正しなさい」と冷たい扱いを受けてしまう。

この事態は、まさに人生八十年時代になったからこそだと言える。本当に「まだまだ若い」と言えるのだろうか？　体はけっこうガタが来ているというのに。

もう一つは、「逆縁」ではないが、老人世代に中高年世代が「ケア」をしてもらっているという奇妙さだ。

こういう現象は、かつてはあまり考えられなかったのではないか。そして、これからは、いくらでもこうしたことが見られるようになる可能性が高い。

たとえば、六十歳になって脳梗塞で倒れた息子の面倒を、八十五歳の母親がみる。失職したり妻に離縁されたりした五十五歳のオヤジが、落ち込んでひきこもり、そこそこ財産のある父親の世話になる。ぶらぶらして無為に過ごす不良中高年が増える。そんな光景があちこちで観察されるようになるかも知れない。

さらにもう一つは、すでに述べたように、いわゆる「女子ども」が、さえないふつうの中高年男性をにべもなく見限る可能性である。

いったい夫を見捨てた中高年の妻たちはどこへ行ってしまったのだろうか。

平均像として思い浮かぶ確からしい線は、別にその多くが男に走ったわけでもないし、夫と同じように自殺したり引きこもったり酒に溺れたり困り果てたりしているのでもないということである。この女性の見限り意識は、女性という生き物の本質的な強さ、したたかさをあらわしている。彼女たちは、夫と同居していてもしていなくても、何かを糧としてたくましく生きているのだ。

五十代から六十代の男性の多くは、現実的にか心理的にか、その配偶者から見捨てられる。そして女性は男性よりも長生きする。おまけに晩婚社会になり、女性は一生の間で、パートナーなしで生きる期間がずいぶん長くなったことになる。

それでも女性は、別に悲鳴など上げない。同性同士の仲間作りがうまいし、日常のこまごましたことで自分を充足させる術にも長けている。

一九九五年一月の阪神・淡路大震災のときにも仮設住宅での孤独死が問題となったが、三年後の時点で、孤独死した人のうち、四十代から六十代の男性が全体の半数以上を占めたという。そして、この世代の男性の少なくとも三割以上が、アルコール性肝疾患で死亡していると言われている（『読売新聞』大阪版・九八年一月九日付）。

これらの事実は、いずれも男性の弱さと女性の強さを裏付けている。

女性は次世代を産み育てる性だから、生活欲において強くてしたたかなのは当然と言えばそれまでだ。また、こういう認識はこと改めて指摘するほどのことでもなく、昔から変わっていないのかもしれない。

ただ、次世代を産み育てるという任務と関わりがなくなった中高年、老年の場合でも、女性のほうが強くしたたかに生きていくという事実には注意しておく必要がある。女性は明らかに、男性よりも孤独に悩むことからは遠いのである。

じっさい、先の『カラダと気持ち』の調査結果からもうかがえるとおり、中高年女性の離婚願望は強く、かつ、精神的な愛情やいたわりがないなら男性とつきあいを続ける必要性などないと感じているフシがある。

つまり、女性は年を重ねれば、性愛問題へのこだわりなど超越することが出来てしまう人が多いのである。

この違いは、おそらく年齢が進めば進むほど、顕著になる。老いを迎える男性は、孤独に平気で耐えるこの女性のしたたかさ、あるいは孤独をうまく回避する生のテクニックを少し見習うべきだろう。また同時に、自分が愛想を尽かされていないかどうか、注意怠りなく、ひそかにチェックする必要がある。

◉おわりに

以上見てきたように、中高年男性がアイデンティティ危機をどう克服するかは、身近なエロス的他者との関係をいかにうまく保つかにかかっていると言えるだろう。

仕事に熱中してきたあげく、疲れて老いの過程に入り空虚感に見舞われた男性が、自殺や孤独死に至らないようにするためには、何よりも自分にとって大切な人に、自分もまた大切な存在だと感じてもらう必要がある。

もしかすると、妻子はとっくに愛想を尽かしているかもしれない。その場合には、ひとりで生きることに耐えなくてはならない。それがいやなら、老いの過程に入る以前の早い時期から、相手の心を引きつけるだけの繊細な気遣いと、「男の魅力」を維持できるような条件とを、自分のなかにしっかりと養成しておくことが求められるだろう。

（二〇〇六年十月・『現代のエスプリ』）

若年女性の自殺の増加

わが国が自殺大国だというのは、昔からよく知られた事実である。また、九八年（平成十年）から現在（二〇〇八年）にかけて、年間自殺者数が三万人に達する状態が続いているというのも、話題に上ることが多い。そして、この数字を大きく支えているのは、四十歳代後半から五十歳代までの中高年男性である。

たとえば近年、最も自殺者数が多かった〇三年（平成十五年）で、四十五歳から五十九歳までの自殺者数を男女で比べてみると、なんと、男性が女性の四・二倍である。つまりこの年代では、男性が全体の八割以上を占めているのだ。

もともと自殺者の男女比では、男子が常に大きく水をあけるというのは、昔から変わらない事実だが、それでも、たとえば、高度経済成長期が始まる六〇年（昭和三十五年）において同じ年代層での比較を試みると、男性は女性の一・六倍弱にすぎない。何よりも、この年代層の男性だけの自殺者数を両年次で比較すると、六〇年の一八八一人に対し、〇三年では八六八〇人となって、四・六倍に達する。

この傾向は、表面的に見るかぎり、長く続いた不況による、リストラや倒産、失業などが最大の理由とみて間違いないだろうが、そのほかに、たとえば企業がこの時期にＩＴ技術の強引な導入を図ったため、これについていけなくなった旧社会の男性のストレス増大や、職業人としての誇りの喪失などが考えられる。

経済的な条件の悪化を自殺の主たる原因とみなすとき、それが概して誤っていないと思われるのは、ことに中高年男性においてであるといえる。というのは、この年代の男性は、自分の生のアイデンティティの大部分を、仕事における自らの役割意識に求めようとするからで、そこで挫折したり躓いたりすると、なかなかほかに逃げ道を見出せないからである。

言い換えると、不況や激しい技術革新の波は、彼らの心理面を直撃するのだ。それを癒してくれるはずの人は、昔だったら奥さんということになるが、もはや奥さんも、夫のためになど生きてはいない。彼女たちは、自分の世界や同性同士のネットワークをしっかりと作り上げているからだ。

つまり、経済的な条件の悪化は直接的原因ではな

●自殺者数の推移（単位：人）

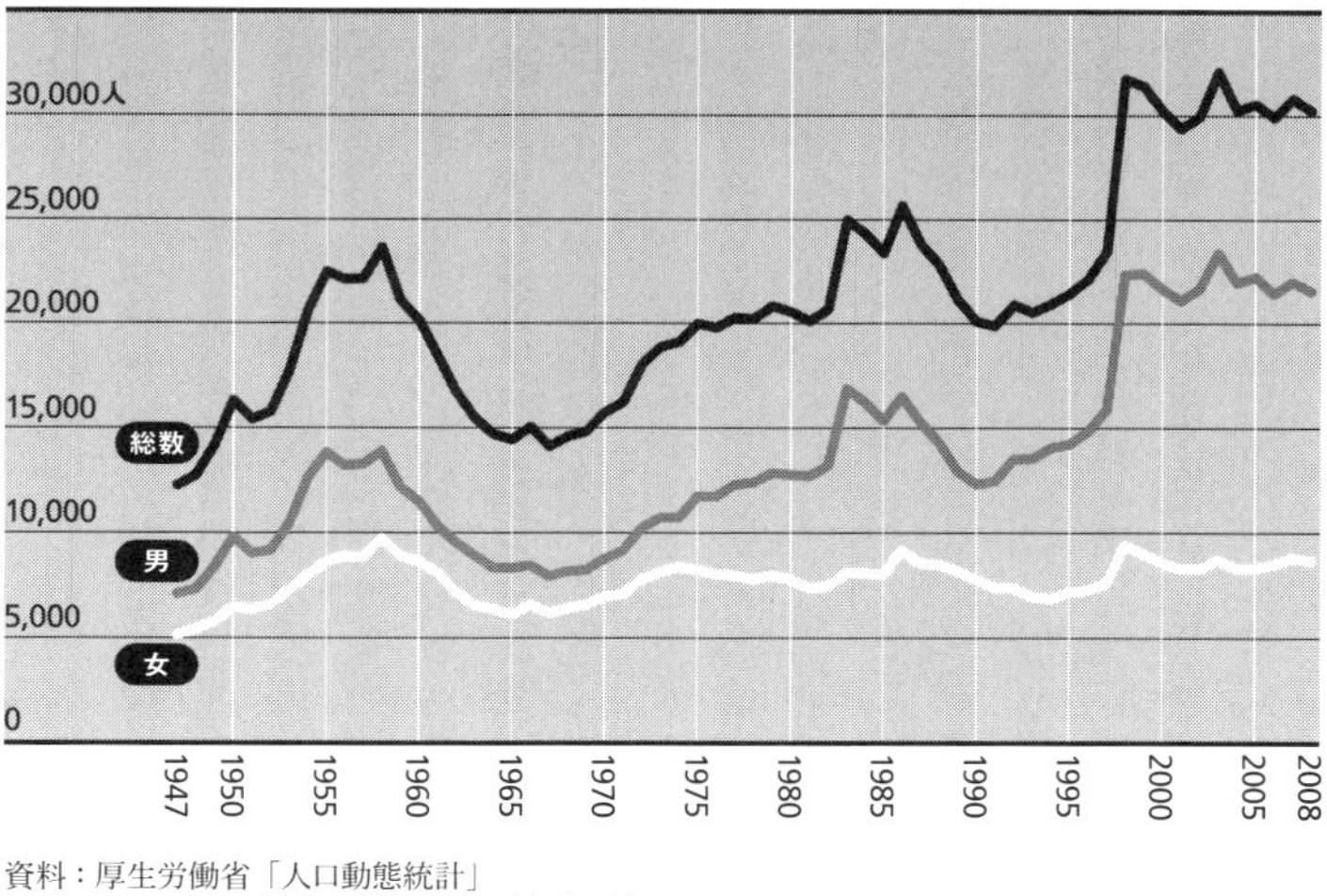

資料：厚生労働省「人口動態統計」
※1947年1月～6月の軍隊の自殺死亡数を除く

く、それが間接的に中高年男性の孤独を引き起こしやすいということなのだと思う。

人生のたそがれを意識し始めるころ、外を見ても内を見ても、みんながそっぽを向いているような気がする。俺のこれまでのあくせくした人生は何だったのだという寂寥感と、俺のこれからの人生はどうなるのだという不安感が突然襲ってくる。社会人としての誇りが崩壊し、家庭人としての権威も保てない。初老期「うつ」の到来である。

では、同じ年齢層の女性はどうなのだろうか。

この年齢層（四十五歳～五十九歳）の女性は専業主婦が多く、外で働いてはいても、責任を負わされることの少ないパートやアルバイトに従事している人たちが多くを占めていよう。

もともと男性に比べて生命力が強い上に、社会の荒波に直面することが相対的に少なかったこの年齢層の女性たちが、わりあいのほほんと世の中を泳ぎきってきたのも、むべなるかなという気がする。

● 45歳～59歳男女の自殺者数の推移（単位：人）

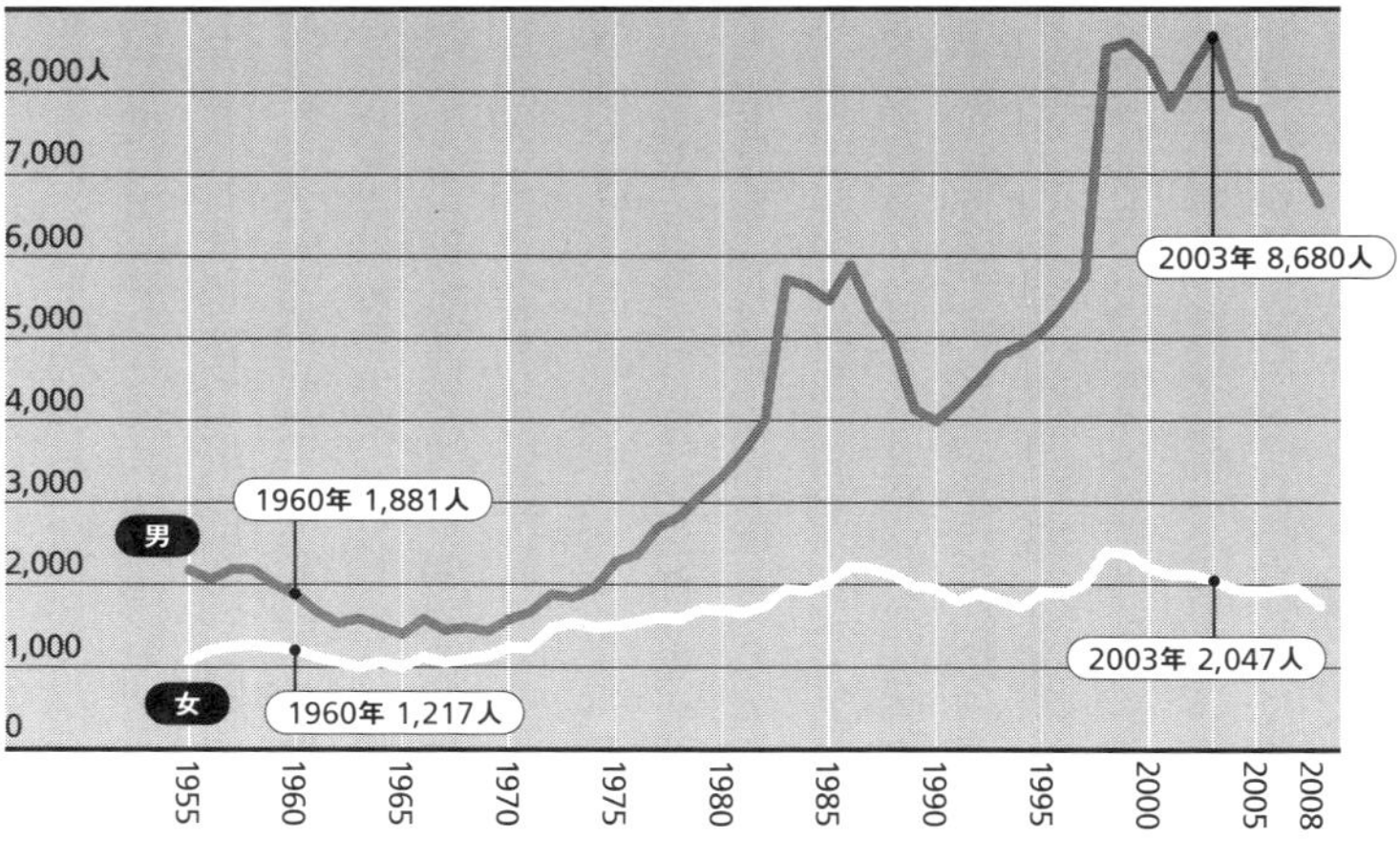

資料：厚生労働省「人口動態統計」

ちなみに、五十歳代後半の女性の、九五年における自殺死亡率（その年の自殺者を、世代人口十万人に対する比であらわしたもの）と、〇六年におけるそれとは、まったく同じ一五・六である（男性は、それぞれ、四一・一と五八・六。またピーク時の二〇〇〇年には七二・五）。

ところがここにきて、まだほんの小さな兆しとはいえ、意外なところに不安な影が漂い始めた。二十歳代の女性の自殺死亡率がここ近年急増しているのだ。

九五年における二十歳〜二十四歳の自殺率が七・四であるのに対し、〇六年の同世代の自殺率は一三・三（一・八〇倍）、同じく九五年における二十五歳〜二十九歳の自殺率が七・七であるのに対し、〇六年では一四・五（一・八八倍）となっている（ただし、母数があまり多くないため、統計上どこまで有意な傾向を示しているかは、留保しておかなくてはならない）。

また、高度経済成長期より前の時代は、二十歳代男女の自殺死亡率はいまよりもずっと高く、たとえば五五年の二十歳〜二十四歳では男八四・一、女四六・八、二十五歳〜二十九歳では男五四・七、女二八・〇となっている。その後、六〇年代から八〇年代にかけて二十歳代男女の自殺は急激に減り、九〇年にはピーク時（五五年）の約五分の一にまで減少する。やがて再び緩やかな上昇に転じ、現在に至っている（〇八年二十歳〜二十四歳男二九・三、女一三・五、二十五歳〜二十九歳男三一・四、女一四・四）。

この推移の仕方は、じつは若年層が犯す殺人、強盗など、凶悪犯罪の認知件数の推移と極めてよく似ている。この半世紀を概観すれば、初期が現在に比べて、いかに荒れた、激

●20歳～24歳、25歳～29歳男女の自殺者数の推移 (単位：人)

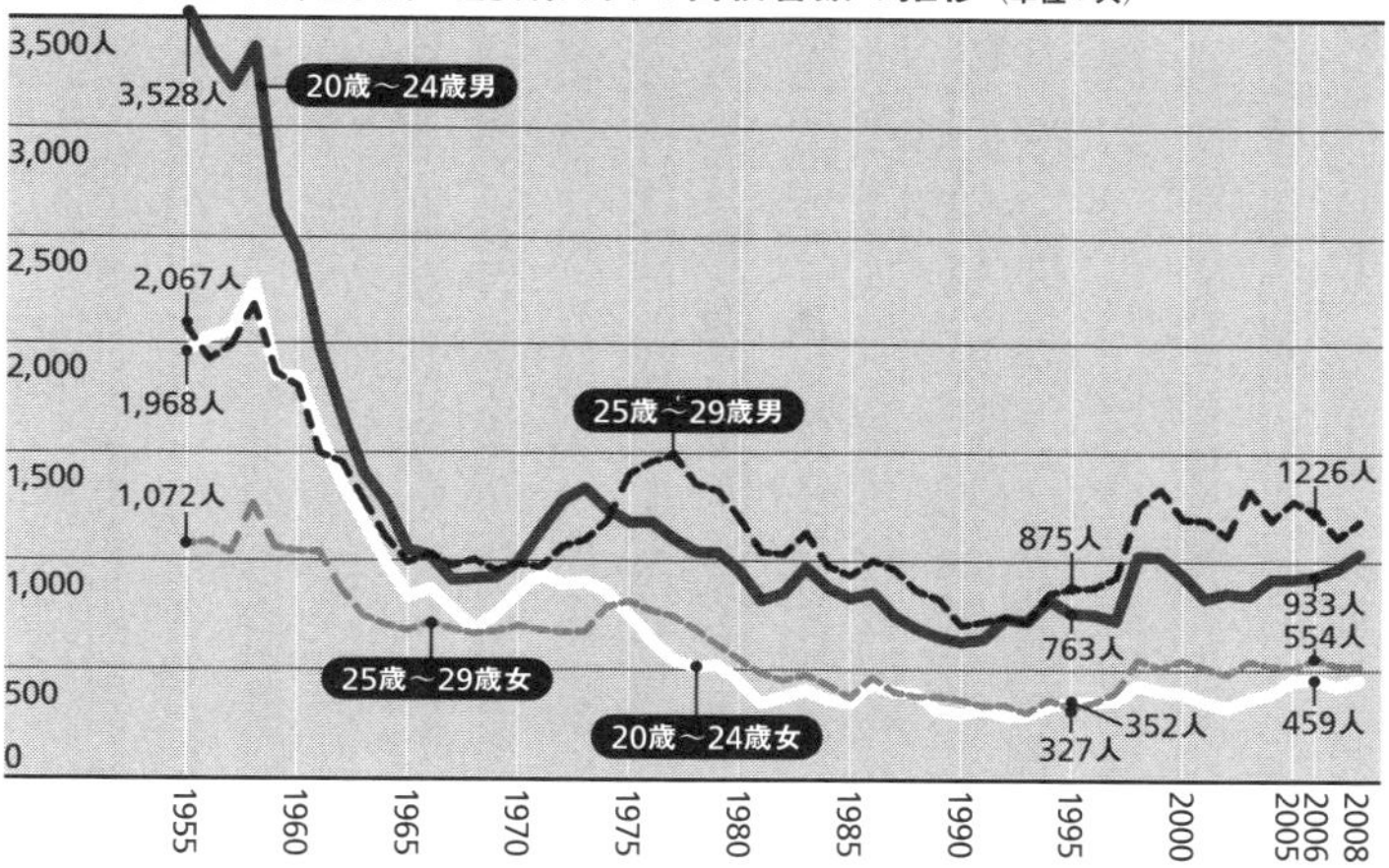

資料：厚生労働省「人口動態統計」

●20歳～24歳、25歳～29歳男女の自殺率(人口対10万人)の推移 (単位：人)

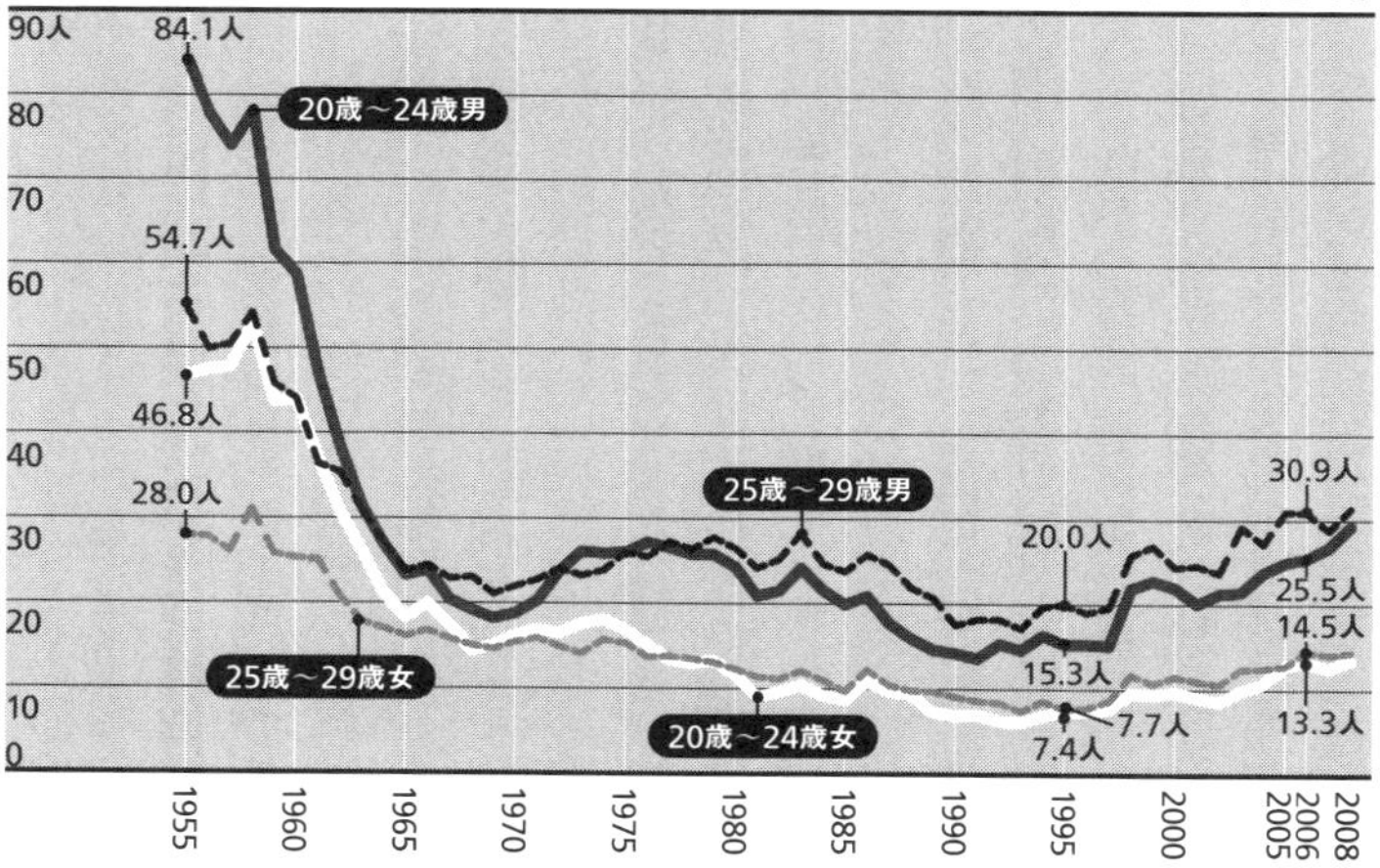

資料：厚生労働省「人口動態統計」

しい時代であったかがよく分かる。

この時期の青年たちの自殺や凶悪犯罪が驚くほど多かったのは、やはり日本社会全体が後発近代国家や敗戦国家であったことから来るさまざまな不安定要因（貧困、生活苦、激しい上昇志向欲の挫折、都市と農村の格差、など）を抱え込んでいたことを物語っていよう。それに比べれば、現在は、まだまだのどかなものだという見方も成り立つことを心得ておかなくてはならない。

ところで昭和三十年代から現在に至るまでの若年層の自殺死亡率の推移を男女別に追いかけてみると、次のような興味深いことに気づく。

高度成長時代には、二十歳代女性も二十歳代男性に負けず劣らず自殺する人が多かったのである。その比は、七五年までは、男性の半分を常に超えている。たとえば、六五年（昭和四十年）には、女性自殺者は男性の八割近くに達している。先に示した中高年男女の場合との何たる違いだろうか。

しかしその後、女性は男性の半分を下回るようになり、以後、常に半分より少し下をキープしていく。これは、九〇年以降上昇に転じても同じである。そして、〇六年に至って、ほとんど半分に肉薄する。この傾向を見ていると、これから先は、半分を再び上回るのではないかという形勢を感じさせる。

中高年の場合には、そうではなかった。九〇年以降、男性の自殺死亡率の増加が顕著になるのに反して、女性は、「われ関せず」とばかり、ほぼ一貫して横ばい状態である。

以上を概観した上で、特に二十歳代女性の最近の自殺死亡率上昇の傾向に焦点を当てて、何が言えるかを考えてみる。ただし、先にも断ったとおり、あくまで推量の域を出ない。（以上の数字は、厚生労働省「人口動態統計」より）

若年女性といえば、「パラサイト・シングル」という言葉が思い浮かぶ。親と同居し、家事は母親任せ、住宅、車などの耐久消費財も親の資産を利用して、給料はほとんど自分の小遣いとして消費する、リッチな若者たちの大量出現という現象を、社会学者の山田昌弘氏が新聞紙上でこう名づけたのは、九七年である。

山田氏は、「暮らしに対する満足度」が、年齢によってどう違うかをあらわすグラフを、七三年と九七年とで比較し、七三年では二十歳代の若者が他の世代に比べて最も満足度が低かったのに、九七年には逆転して二十歳代の若者、特に女性の満足度が他の世代に比べて最も高くなっていると指摘している。住居費や耐久消費財にお金を使う必要のない彼女たちは、高価なブランド品や、海外旅行や、恋愛を楽しむことに給料を費やす「独身貴族」であった。

山田氏の『パラサイト・シングルの時代』（ちくま新書）の初版は九九年であるから、研究が本になるまでのタイム・ラグを考えると、この現象が耳目を集め始めたのは、ちょうど若年女性（男性も）の自殺が底をついたころから上昇に転じたころに当たっていることになる。

つまり若年女性の自殺の増大傾向は、パラサイト・シングル現象が社会に広く認知されたころから、時期として重なり合い、かつ連続しているのである。

その後、山田氏は『パラサイト社会のゆくえ』（〇四年・ちくま新書）をあらわし、「九八年という年が日本社会が不安定化したことがはっきりした節目の年である」としたうえで、自分が「『パラサイト・シングル』論を発表したころは、すでに、リッチなパラサイト・シングルが成り立つ条件が崩れ始めていた時期と重なっていたことになる」と述べている。つまり、社会現象を言語化している間に、当のその社会現象は最盛期を過ぎて変質し、崩壊しはじめていたというわけである。

パラサイト・シングルという広範な社会現象の推移と、もともと母数の少ない自殺死亡率の増減とを安易に関連づけることには慎重を期すべきだが、パラサイト現象がバブル崩壊前後の浮かれ気分に裏付けられて盛り上がり、その後、不況期を通過する中で若年雇用のあり方が激変したり、親の高齢化が進んだりするに及んで、リッチな独身貴族を気取っていられる若者がかなり減少したことはたしかであろう。

パラサイト・シングルに代わって、「格差」「下流社会」「希望格差」などの言葉が流行し、派遣・アルバイト・パートなどの非正規社員、低収入で生活の不安定なフリーター、働く意欲のないニート、ひきこもり、懸命に働いているのに低賃金に甘んじなくてはならないワーキング・プアの存在などが現代の一部の若者像を特徴付けるようになる。

もっとも、これらをあまり大げさに「経済難民」として問題視するのもどうかと思われる。というのも、これらに該当する若者も多くの場合、親の収入や資産にサポートされていることが多いと推定され、親世代の豊かさがあったからこそ、こうした若者層が多数輩出するようになったとも考えられるからである。

だが、ここで無視できないのは、メディアなどを通じて流布される現代日本社会のイメージが、実態と仮にくいちがっていても、これを受け取る側にとっては大きな心理的影響を与えられるという事実である。現代社会のイメージを思い描く普通の人々は、メディアによって与えられるイメージが客観的に正しいかどうかなどといちいち分析しないからである。

日々ニュース番組を通して流される犯罪や政治の行き詰まり状態、年金問題、災害などの情報によって、私たち日本人に共通な「気分」が形作られる。問題はこの共通な「気分」なのだ。そしてその気分は、いま、どう見てもあまり明るいものとは言えず、一種の軽い「うつ」状態といってもよい。

だから、この国民一般の気分が、自殺の増加傾向にもある程度影響を及ぼしていると言ってもあながち牽強付会とは言えないだろう。

現在、二十歳代女性は、学生でなければほとんどが家の外で仕事に就いている。そしてかつてもいまも男性がそうであるように、社会の荒波にじかに接触している。

しかも女性は男性に比べて、まじめで几帳面である。男性と同じように過酷な仕事のストレスを与えれば、それを深刻に受け止めてしまう傾向は、女性のほうが大きいかもしれない。そこにいまの日本人に共通の「うつ」気分が加われば、自殺傾向が助長されるといえるのではないか。

内閣府が今年（二〇〇八年）五月に発表した「自殺対策に関する意識調査」によると、「最近一ヶ月間にストレスなどを感じたことが『ある』か」という問いに、「大いにある」「ある」と答えた人の合計は、男性五七・二％に対し、女性六〇・九％と、わずかながら女性のほうが上回っている。また、二十歳代男女では、七二・二％の人が「ある」と答えている。

また同じ調査で、「今まで本気で自殺を考えたことがあるか」という問いに対する回答でも、男性一六・三％、女性二二・九％と、女性のほうが上回っている。

私は、二十歳代に限らず、フルタイムで働いている女性で、「うつ」気分に悩まされている人を、何人も知っている。それぞれに事情は異なるが、彼女たちを見ていると、どうも都会における現代の仕事の質というものが、ストレスをためやすいように出来上がっているという気がしてならない。

では、ストレスをためやすい現代の仕事の質とは、どんなものだろうか。

まず、都会ではほとんどが第三次産業従事者であることが挙げられる。

第三次産業は、もともと「人の心」を動かすことによって利益を得る産業である。企業内の、上司、部下、同僚との関係や、外部の顧客との関係をどのように円滑に運ぶかという課題がきびしく課される。人間の心ほど読みにくいもの、また摩擦を引き起こしやすいものはないから、この人間同士の心のやり取りでは、大きな不安とストレスをためやすいといえるだろう。

次に、ＩＴ化の波によって、一人ひとりがばらばらにコンピュータと向き合う時間が増え、課題解決を孤独にこなさなければならない機会が多くなっている。

しかも、ＩＴの世界は、これまでの言語と文法を異にする外国語のようなもので、新しい技術的な処理の必要を、ついていけないようなスピードでつぎつぎに突きつけてくる。それを一人で解決しなくてはならない場合が多いから、職場の雰囲気も、いきおい冷たい無機的なものとなり、同じ空間にいても、他人との協業を通して互いのぬくもりを育てるといった機会は、逆に少なくなっているだろう。

「職場内孤独」に悩んでいる若い人はけっこう多いのではあるまいか。

また、歪んだ個人主義の浸透によって、個人個人をターゲットとした成果主義、神経質な評価主義の考え方が広く導入されたことも、現代の仕事の質を物語っていよう。

職種にもよるが、本来、企業での仕事というものはチームワークによって成り立つものであり、ある業績なるものを、それにかかわった複数の人間から切り離して一人の個人のものとして捉えることは困難である。

にもかかわらず、成果主義によって一人ひとりの業績を評価しようとすると、社員はたえず自分の価値や他人の価値を気にしなければならなくなり、職場の雰囲気は、おおらかさが薄れたぎすぎすしたものとなるだろう。評価の基準もあいまいだから、不当な評価を受けたと感じる機会も増える。こうして、成果主義がストレスを増やす原因のひとつとなっている点も見逃せない。

さて、こうした新しい職場環境のあり方になじめないタイプの若い女性が、ストレスをためた結果、一種の「出社拒否」のような状態に陥り、やがて退職して、転職もままならず、無職になってしまう……こんなケースが相当数あることが想像される。

甲斐性のある素敵な男性との出会いがあれば、結婚に逃げ込むという手もあるが、そんな機会がそうそう巡ってくるはずもない。

かくして彼女は、一種のひきこもりとなる。ひきこもりは、自分が社会的な役割を果たしていないという自責の念と劣等感に縛られて、いっそう人との付き合いを絶つようになるという悪循環に陥りやすい。これが長きにわたれば、うつ病的な症状を示すようになることも珍しくないといわれている。

一方、ある職員がうつ病であるという診断を医師から得て休職すれば、仕事の総量は減らないのに職員の数は減るから、残った職員はますますストレスをためる。そのことで今度は職場全体の雰囲気がさらにとげとげしたものになるという悪循環にも陥ることになる。「早くうつ病になるが勝ち」などという陰口が利かれることもさぞ多いことだろう。

ところで、内閣府の「自殺対策白書」平成十九年版によれば、自殺者数の約半数が無職者であるという。無職者は、孤独で、経済的にも恵まれていない人が多いだろう。しかしこの無職者というのは、自殺決行時点で無職だったのであり、それ以前はどこかに勤めていたり仕事を持っていたりしたのが、うつ傾向の増悪などで退職、休職した人が大きな割合を占めると推測される。

もし彼女たちが、かつてのように、はじめから二十歳代を花嫁修業か、家事手伝い、新婚生活、専業主婦など、相対的に見て社会的責任の度合いが低い（つまり他者依存度の高い）生活様式で過ごすとすれば、これほど自殺に導かれずにすむのではないか。

いまは三十歳代で独身であることが当たり前なほどの晩婚社会である。未婚女性の就業率はきわめて高く九割を超えている。しかも未婚の女性は、その活力のほとんどを、男性並みに仕事に注ぎ込むことを強いられる。

そこで人間関係の深刻なトラブルや、仕事上の失敗などの挫折体験を味わうことは、生きていく意欲や誇りを失わせるのに十分であろう。「女も男と同じように外で働く」ことが当然とみなされるようになったために、おそらく、男性が受けていたのと同じ、あるいはそれよりも大きい逆風を受けざるを得なくなったのだ。

二十歳代女性の自殺増加の要因を、職場における挫折や人間関係上の困難という角度から考えてみたが、こうしてみると、「市場社会で金を稼ぐ」という営みにおいて、単に肯定的側面からだけではなく、否定的側面からも、「男女平等」が成立しつつあるという皮肉な事態が浮き彫りになってくる。いいことは二つないものである。

これまで、労働によるストレスや挫折の結果としての自殺という観点に絞って二十歳代の女性の自殺について考えてきたが、愛情関係と自殺とのかかわりという観点からは、何が言えるだろうか。

資料として必要なのは、有配偶か未婚か、有配偶でも、子どもがいるかいないか、未婚の場合でも、恋人がいるかいないか、その恋人は不倫関係かそうではないか、また未婚でも親と同居しているか単身で暮らしているか、友人関係はどうかといったプライベートな生活面での細かな情報と、自殺数との関係であるが、残念ながら、こんな詳しい資料は手元にない。

しかし厚生労働省のホームページで「人口動態統計特殊報告」を検索すると、「性・年齢（10歳階級）・配偶関係別自殺死亡数・自殺死亡率（人口10万対）の年次比較」という表がある。年次比較といっても、九五年（平成七年）と二〇〇〇年（平成十二年）との二つの年次が比較されているだけなので、ほとんど役に立たないが、それでも、ちょっと意表をつく事実に突き当たる。

この表から、本稿の主題にとって必要な部分を抜き出してみよう（数字は自殺死亡率）。

自殺率の総数が、この五年間で増えているという点では男女ともに同じである。また、有配偶者に比べて、未婚者の自殺率が二倍を越えているという点でも、共通している。ここまでは、これまで語ってきたことからも、また、孤独は人を自殺に導きやすいという点からいっても、容易に納得できるであろう。

しかし、なんといってもここで目に付くのは、離別者の自殺率が、男女とも、他のそれを圧倒しているという事実であろう。そして、その高さは、ことに男性において著しい。

さてこの事実をどう解釈すべきだろうか。

まず誤ってはならないのは、この数字は、けっして自殺率の高さの「原因」を示しているのではないということである。この表は、別に「離別したことがきっかけで、心の傷を癒しきれずに自殺する人がとても多い」などということを語ってはいない。そういうケースもあるかもしれないが、それがどれくらいの率を占めるかは、この表からはまったく分からない。

むしろ、原因と結果を逆転させて考えるべきであろう。

離別者の自殺率がこれほど高いということから想像されるのは、本人がもともと「うつ」傾向を持つか、または結婚後「うつ」状態に陥り、そのために

●20歳〜29歳男女の自殺率(人口対10万人)の推移 (単位:人)

1995年	男	女
総数	17.5	7.5
有配偶	7.2	3.7
未婚	19.4	8.9
死別	—	—
離別	108.4	21.4

2000年	男	女
総数	23.4	10.7
有配偶	9.3	5.3
未婚	25.4	12.2
死別	—	—
離別	167	38.6

資料:厚生労働省「人口動態統計特殊報告」

結婚生活がうまく行かず、離別を余儀なくされたということである。

どちらかがうつ病であると、裁判上の離婚でも、たいていの場合、認められることになっている。自殺者の絶対数の少なさ（九五年、女六七九人、二〇〇〇年、女九三九人）からしても、こうした推定のほうが、真実に近いといえるだろう。

うつ病とは言わないまでも、結婚してみたら相手が生活に不適応な、ずいぶん変な人だったという例は多い。ことに若い男性は、そういう傾向が強く、若年で結婚すると、そうした側面が日常生活で露出しやすい。二〇〇〇年の表で、男性離別者の自殺率が、総数のそれの七倍以上を示しているのは、そのことを物語っていよう。

もっとも、因果関係を完全に逆転させることはできないだろう。離婚沙汰に至るような相性の悪さ、経済的なゆとりのなさから来る生活上のすさみなどが、当人たちにこれからの人生に対する絶望感を植えつけ、そうした後天的要因が離別後もあとを引くということもありうるだろう。自分はなんて人間関係が下手なんだろうと、過度な自責後悔の悪循環に陥るのも、青年ならではの傾向である。

ことに若年低所得者層は、心にゆとりがなく、早婚の失敗という挫折感を引きずりやすいため、そういう傾向を残すといえるかもしれない。早婚ほど、離婚率が高いというのも、統計が裏付けている事実である。

テーマを元に戻しながら、まとめることにしよう。

なぜここ近年、若い女性の自殺が増えているのか。それが問題だった。

一見たしかに「若い女性」というイメージは、他の性や世代に比べて自殺というイメージから最も遠いように思われる。

けれどもそれは、私たちがたぶんに幻想のヴェールを通して「若い女性」一般というイメージを思い描いているからであって、彼女たち一人ひとりもまた、このせちがらく、異様なスピードと効率を強いてくる経済社会の中に放り込まれ、たえず価値生産という社会の要求にせかされながら毎日を送っている生身の人間である。

そしてその要求にうまく答えられない女性は、撤退し、違う生き方を求め、そこでもままならない自分に嫌気が差したとき、命を絶ってしまう。

現在、働く未婚女性の大部分は、その社会的な属性からして、労働の現場では、もはや、男となんら変わることのない乾いた生活実態を生きていると考えられる。それはかつて、一部のフェミニズムの「理想」ではなかったか。

だが、男からの経済的な自立を至上命題として掲げたこの思想は、同時に、人間はもともと個が基本であって、すべて個の自由を抑圧するものは退けるべきだという社会理念に縛られていた。

そしてこの社会理念は、資本主義的経済行動のあり方と、奇妙な親近性を持っていた。なぜなら、資本主義的生産様式は、相互依存の関係としての人間集団のあり方を、まずばらばらの個に解体し、それらをいつでも交換可能な抽象的な労働力として捉えるからだ。

だがこの社会理念は、彼女たちが思い描いていたほど正しかったか。それは、仕事の能力を活かしてバリバリ働く女性にとってだけのものではなかったか。普通の女性であることが持っているさまざまな特性を、この思想がきちんと包摂していたとは到底思えない。

現代社会は、ますます晩婚化が進んでいる。このことは、労働時間が短縮されない限り、労働市場において、若い男女がともに自分の身を投げ打って生活時間のほとんどを仕事に注ぎ込むことを意味する。なぜなら若年労働者の賃金は低く、仕事は過酷であり、独り身であるその身の振り方を、自由な主体として選択できるほど、資本主義市場は甘くはないからだ。

先に、自殺者の半数は無職者であり、その無職者の多くは、かつては被雇用者や自営業者など、何らかの形で働いていたのが、わけあって、労働市場からの撤退を余儀なくされたのであろうという推測を述べておいた。

ところで同じ内閣府の資料によると、自殺の原因・動機として圧倒的に多いのは、ここ二十年ほど「健康問題」であり（約半数）、次に多いのが「経済・生活問題」である。〇六年（平成十八年）では、両者を合計するとじつに約七割に達する。

後者はまあ納得できるが、世代を通じて前者の「健康問題」がそれほど大きな割合を占めるというのはいったいどういうことであろうか。

高齢者ならば、長年の病を苦にして、とか、近親者の世話になるのにしのびず、といった理由として納得できないこともないが、二十歳代の女性でも、これが圧倒的に多いのである。

〇六年における二十歳代の女性自殺者数は一〇一三人であり、この母数の少なさも合わせて考えると、ここで言われている「健康問題」なるものは、じつは身体的なそれよりも精神的なもの、つまりうつ状態が大きな割合を占めることが推測できる。

職業別では「無職者」が半数、原因・動機別では「健康問題」が半数、これは、二十歳代では、精神的な失調から自殺に及んだものとして、かなり重なり合うのではないか。

こうして考えてくると、二十歳代女性の自殺の急増傾向は、センシティヴな女性が、激変する職場環境のきつさや、そこから生じる人間関係の葛藤に耐えられず、精神に失調をきたして撤退した後に死を選んでいる、というケースが多いことを示していると思われる。

よく言われるように、人間は一人では生きられない。

戦後、日本人は欧米との戦争の敗北を踏まえて、「欧米並みの近代的な個の確立」という課題をやかましく叫んできた。しかし、気づいてみると、そういう心構えの問題を通り越して、社会（ことに企業社会）の構造そのものが、ばらばらな個として生きることを強いてくるようになってしまった。

若い女性の一部にそのことの無理を示す兆候が顕著になってきたのだとすれば、私たちは、個の単なる集合として社会を捉えるのではなく、あくまでも相互依存のネットワークとしてこの社会が成り立っているのだということを、もう一度根底から捉えなおす必要があるのではないだろうか。

（二〇〇八年六月・発表誌不詳）

高齢者は「働けない弱者」か

高齢社会の問題がさんざん論じられているが、その論じられ方の根拠になっている危機意識は果たして的を射たものなのであろうか。

高齢社会の厳しい現実はそれとして直視すべきだが、私の印象では、いくつかの点で危機意識の抱き方そのものに偏りがある。

第一に、この問題に対する議論の提出のされ方が、マクロ的な観点に立ちすぎていると思う。高齢者の広範な出現と、その次にやってくる総人口の減少が、経済的な意味での日本の活力の衰退を引き起こすからまずいことだというのがその一つだが、本当にそういう因果関係が単純に成り立つのだろうか。

「活力」といった言葉ははなはだ抽象的で、量的な規定だけを根拠にしているために、何を意味するのかよくわからない。

たとえ高齢者が増えたとしても、その人たち一人ひとりが年齢に見合った仕事に取り組むことができ、自分の資産を活用してやりがいのあることができるような社会システムになっていれば、それは悪いことではない。

また総人口が減ることは、むしろ若年労働者の市場参加の機会を増やすことにつながるから、就職難や低賃金でこき使われる状態の改善をもたらすかもしれない。若者のエネルギーの健全な発露が労働力の質的な向上や新しい発想の創出を促す可能性もある。要は社会ヴィジョンの描き方しだいなのである。

「活力の衰退」説は、個人個人の欲求のあり方や社会的関心のあり方といった、個別の「質」的な面へまなざしを向けることを隠蔽する作用をもつ。

第二に、高齢者と聞くと「働けない人」を意味するというイメージがマスメディアを通して流布しすぎている。

テレビなどでは、好んで暗い面ばかりを強調して「貧しい寝たきり老人」などの実態映像をやたら流しているが、これは、「弱者保護」と「福祉の充実」だけを金科玉条としてきた古い戦後民主主義的政治風潮の名残である。

定義にもよるが、実際には、寝たきり老人というのは意外に少なくて、六十五歳以上(この年齢以上を「働けない老人」であるかのように想定させる年齢設定がそもそも問題なのだが、それは次に述べる)で、多くても五%程度である(厚生省「二一世紀福祉ビジョン」による)。

この五%以外には、もちろん要介護老人もたくさんいるであろうが、いっぽうで、体はまだまだ元気で勤労意欲も十分にあり、しかもかなりの資産をため込み、けっこう余裕のある人生を送っている人も多い。個人金融資産一千四百兆円(赤ちゃんも含め、一人あたり一千万円以上)という途方もない数字の相当部分は、高齢者の手に握られている。それが有効なフローとして個人消費に結びつかないことのほうが問題である。

第三に、「高齢者」とか「老人」とかの定義の問題がある。

『朝日新聞』三月二日付（二〇〇二年）の記事によると、国連経済社会局が発表した高齢化の統計で、日本では、二〇五〇年までに六十五歳以上の一人を、十五歳から六十四歳までの働き手一・四人で支えることになるという予想が示されたという。「全世界でみると『働き手』が六十五歳以上を支える割合が今の九対一から四対一に激減する。日本の一・四対一という割合は先進国のなかでもイタリア、スペインと並ぶ」そうである（前掲記事）。

だが、何の根拠をもって十五歳から六十四歳までの「働き手」が六十五歳以上を「支える」と決めつけるのか。

いまだに「生産年齢人口」を十五歳から六十四歳までとし、それを超える人たちを「非生産年齢」として排除するスタイルを統計数字の基礎にしているのは、まったく現在の日本の実態に見合っていない。十五歳から十八歳までの世代はみな通学者であるし、二十二歳までの半分が、親のすねをかじっている大学生である（彼らの多くはアルバイトで小金を稼いではいるが、それはほとんど遊興費などに使われ、老人を「支えて」などいない）。また、市場に直接参加していない専業主婦もたくさんいる。

今後、七十歳、八十歳になっても働いたり、自分の資産で食べていく人は増えるであろうから、この「若年層全体が六十五歳以上全体を支える」という時代錯誤的な先入観にもとづいた把握の仕方そのものを改めるべきである。年齢にかかわらず、実質的な労働人口と、稼いでいない人たち、そして稼がなくても生活に困っていない人たちとの区分を正確に把握して統計の基礎とすべきなのだ。

このことは小さなことのようだが、じつは高齢社会をよりよい社会に導くにはどうすればよいかという大切な理念の問題に結びついている。

政治評論家の櫻田淳氏がつねづね強調しているように、「よりよい社会」とは、六十五歳以上の人たちや障害をもつ人たちを「働けない弱者」と規定して単なる福祉の対象と見なすのではなく、社会に何らかの労働を投与したいと思っているどんな人々にも、その機会と便宜を提供できるような社会である。


(二〇〇二年三月・『Ｖｏｉｃｅ』)

四章●

社会という壁

——時代・規範・情報

商店街は変わらない

私は都内南部のあるビルの一室を仕事場としているが、私鉄の小さな下車駅からそこまで十数分の距離を歩く。そのたびにある「思い」が心をかすめる。この「思い」は、なかなかうまく言葉にならないのだが、できるだけ正確に伝えるよう努力してみたい。

駅の周辺には、零細な商店が軒を接してひしめいている。八百屋、弁当屋、惣菜屋、文具店、薬局、荒物屋、電気器具量販店、焼き鳥屋、洋品店、和菓子屋、中古品店、酒屋、乾物屋、ラーメン屋、小さなスーパー、コンビニ、なかには、ラップやガムテープやビニール袋など、梱包や包装に使う品だけを並べている店もあり、また、店先で頓狂な声を上げるオウムの籠をおいた鍵屋などというのもある。どういうわけか、ことに花屋が多く、数十メートル歩くだけで四、五軒はぶつかる。

古い町なので低層の住宅が多く、居住密度が高くはないから、これらの店はどれも活況を呈しているとはとても思えない。まあ、取り立てていうほどのこともない、どこにでもある半分さびれかけた商店街の光景ではある。

それでも、夏から秋にかけては、夜になると店の前に縁日の夜店のようなものがたびたび並び、それなりのにぎわいを見せているようだし、一年中、電柱に取り付けたスピーカーから、「お正月」「雛祭り」などの季節にちなんだ童謡が流れていて、商店連合会の切ない努力がにじみ出ているのが感じられる。

これらの店の間を毎日通り抜けながらまず頭をよぎるのは、この人たちは、この商売で、日々の生計を満たすに充分なだけの売り上げを得ているのだろうかという（余計な）心配である。しかし、頻繁につぶれている様子もないところから見ると、おおかたの店はなんとかやりくりしているものと見える。だがなかには、梱包用具だけを売る店や鍵屋のように、どう見てもほとんど客が来るとは思えないものもある。

そこで次に考えるのは、これらの店のなかには、かなりの割合で、主たる働き手がほかに勤めを持っていて、老人や主婦などが副業的に営んでいるものがあるのではないかということである。一応それで納得はいくものの、それにしても、生鮮品を売る店や飲食業などは、毎日の仕入れ量をどの程度に見積もっているのだろうか。古い地区の住民というものは、売れ残り品を買うことにさしたる抵抗を感じないのだろうか。

私は昔から、けっこうこの種のことが気にかかるたちである。

少年時代、実家からほどないところにかなり大きな商店街があったが、いつ通ってもほとんど客が入っている姿を見たことがなかったので、母と共に、いったいあれらの店はどうしてつぶれないのだろうと不思議がったものだったし、中学時代の友人の母親が切り盛りしていたあまりぱっとしない洋品店が、あれでもけっこう儲かって生活の足しになっていたのだと後から聞かされて、へえ、そんなものかと驚いたものだった。

ところで、冒頭で述べた、私の「思い」とは、単に、零細な商店がどうして保っているのかという謎のことではない。

折しも今日、くだんの商店街の一角にあるスパゲッティ屋で遅すぎる昼食をとっていると、店の主人と常連客との会話が聞こえてきた。話題は、ソルトレーク・オリンピックのスノーボード競技についてで、常連客は、熱を込めて難易度の高い技に関する蘊蓄を傾けていた。

世にはいま、不況、リストラ、失業、株価下落、不良債権処理の遅滞、構造改革と抵抗勢力とのせめぎ合いの嵐が吹き荒れている、と少なくとも大メディアは連日のように報じている。

しかし、ここ零細な商店街の一角には、そんなことなどどこ吹く風のなんとものどかな空気が流れている。零細な庶民の実存感覚というものは、マクロ的な政治課題、経済課題に、政治家や官僚や財界人や知識人が目の色を変えて取り組んでいても、またたとえその課題の解決に彼らが失敗して、そのあおりを実際に手ひどく食らったとしても、大して変わりがないのではあるまいか。

これまでも、いつも、いつもそういうものだったのではないか。長さ数十メートルの路上に五軒の花屋がひしめいていて、それを当たり前のこととして彼らはこれからも生きていくのではないだろうか。

これは、別にこと新しく指摘するほどの事実ではない。またこういう事実を、「生活庶民のたくましさ」などという言葉で美化するのもあたらない。それは、「政治」や「社会」や「国家」などの公共的な世界に対する大衆の無責任感覚と逆に言い換えても同じことだからだ。

けれども、「世界不況」や「失業率五・六％」などの大文字の言葉や数字にあまりに翻弄されるのも考えものである。人は「大きい話題」によっても生きるが、またそのつどの身辺の関心に終始するほかない存在でもあるのだ。

（二〇〇二年二月・『Ｖｏｉｃｅ』）

人口減少社会は困った社会か

二〇〇五年の十二月に、厚生労働省が人口動態の推計値を公表した。それによって、出生数が死亡数を初めて下回り、早くも人口減少時代に突入したことが明らかとなった。加えて、最近国会でも、少子化対策に一兆円を超える規模の予算が盛り込まれたことに関して論戦が闘わされた。

論壇もまた、この現象がこれからの社会に与える影響の是非をめぐってにぎわいを見せている。しかし私自身はこの問題にどう切り込んでいいか、正直なところ大いに戸惑っている。

まず人口減少の影響が顕著に現れるという予測と判断は、数十年の時間的スケールを視野に入れた上でなされている。減少カーブは何といっても緩やかなものだ。

ところがこの長い時間的スケールの間には、日本社会および日本を取り巻く国際社会の住人たちによる、厖大で多様きわまる活動が、個々の人間たちの心理の複雑な錯綜のもとに進行するはずである。この時間的スケールのなかには、おそるべき多元的なファクターが詰まっているのに、分析や予測や判断をする私たちの言語のほうには、「これが原因でこういう結果になる」といった一次元的な因果論理の武器しか備わっていないのだ。

何を独立変数、つまり原因とし、何を従属変数、つまり結果としてよいのか、そのアングルの取り方によって、判断が異なってくる。安直な予測・判断などできないはずなのに、無理にそれをやると、当てにならない占いと同じような観を呈してしまうだろう。

いま仮に少子高齢化と人口減少による逆ピラミッド構成こそが直近の困った問題であるとしよう。

政府は政策実行をしなくてはならない立場だから、若年層の年金負担の不公平感や、経済規模の縮小、労働力の不足などにとりあえず問題を絞ってその対策を練ることになる。高齢者の年金を削減して若年層の負担を軽くする、未婚・晩婚化の趨勢をくい止めて出産を奨励するために、保育制度の充実や出産育児にかかわる援助金の捻出をはかる、また男女共同参画をうたって女性の労働力率を高めようとする、あるいは、外国人労働者の積極的な雇用を検討する、定年制を見直して高齢者の雇用を確保するといった対策がそれに当たるだろう。

これらの社会政策の方向性には、合理的あるいはやむを得ないと考えられるものももちろんある。しかし、何だか個々の生活者にとってぴんと来ないもの、こちら立てればあちら立たずになってしまうもの、因果がそうすっきりとは成り立たないと思えるものも含まれている。

たとえば未婚・晩婚化阻止・出産奨励のために男女共同参画社会の推進を図る政策などはその最たるものである。

政府はすでに、厖大な税金を使ってこの政策を十年間にわたって行なってきたのに、一向に出生率の上昇効果は現れていない。この点については、つとに社会学者の赤川学氏が、『子どもが減って何が悪いか！』（ちくま新書）という著書のなかでたいへん緻密で説得力のある批判を行なっている。

彼によれば、仕事と育児の両立支援を骨子とする男女共同参画社会の推進は、少子化をくい止めるためにはむしろ逆効果であるという。

赤川氏はまた、この政策は、共働きで経済的に余裕があり、子どもをすでにもつことが出来ている人たちだけを特権的に優遇するという意味で、公平な制度設計とは言えないという点も指摘している。

男女共同参画政策そのものは男女差別をなくすために意味があるが、そのことと少子化対策とは切り離すべきだというのが彼の主張の要点である。傾聴に値する意見だと思う。

それはともかくとして、個々人の生活感覚にもとづいて、少し常識的に考えてみよう。

いまここに三十五歳で未婚のキャリア女性がいるとする。

彼女は自分にとって素敵な男性が現れれば、結婚したいし、その人との間に子どもも設けたいと思っている。しかし、なかなかそういう人が現れないので、いわば機会待ちの状態にある。是が非でも結婚しようという強い意志はないが、このままひとりで年老いていってしまうのかしらという不安も抱えている。

ちなみにこの想定は、この年頃の女性のマジョリティがもつ条件や心理として妥当なものだと私は考える。

さて彼女は、人口減少社会の到来というマクロな情報を得たために、「そうか、政府が出産や育児の負担軽減の措置をそれだけとってくれるなら、私も早く相手を見つけて子どもを産もう」などと発想するだろうか。

私にはどうもそうは思えない。結婚や出産というエロス問題は、現在の社会では、あくまでも個別的な出会いと本人たちの心情という、きわめてプライベートな問題だからである。

そもそも未婚・晩婚化現象は、どうして起きてきたのだろうか。

大きな要因として、消極的なものと積極的なものとの二つを挙げることが出来る。

消極的な要因は、結婚するとこれまで手にしてきた経済的な豊かさや自由度が減ってしまうのではないかというためらいである。

また積極的な要因としては、自由恋愛が一般化して、結婚は恋愛を前提としてこそ行なうものだという意識が当たり前になったことが考えられる。

つまり未婚・晩婚化現象は、女性は適齢期になったら結婚するものだといった、かつてのライフコースの規範が崩れたところに起きてきた側面が大きい。

いくら育児環境が整っていても、いまどき、好きでもない人と一緒になろうなどと考える男女がいるとはとうてい考えられない。「好きだからこそ結婚する」というモチベーションの強さがかえって結婚相手に対する理想水準の高度化を生み、それが未婚・晩婚化をもたらしているのだ。

言い換えると、いまの女性は、一人で食べていく程度の経済力ならあるので、適当なところで手を打つ人があまりいなくなってしまったのだ。だから、よほどの玉の輿を提供してくれるのでもない限り、結婚へのインセンティヴは強まらないだろう。

ここに、政策と個々の生活者の意識との埋めがたいズレがある。

もっとも、「これが原因だから、ここをこうすればこうなる」という政策的な発想が、個々の生活者の意識になかなか食い込めないのが巨大な先進国家の宿命かも知れない。

だとすれば、いま必要なのは、マクロな趨勢と個々の生活者の意識との乖離をよく見つめること、そして、そもそも人口減少社会の到来が、だれにとって、どういう意味でまずいことなのか（それとも別にまずくないのか）という原点に立ち返った議論にこだわることである。その場合、二つのことが要求される。

一つは、少子化をくい止めようと考えるのではなく、人口減少を避けられない趨勢として認めた上で議論すること、そしてもう一つは、「日本の人口が減ろうと増えようと知ったことではない。私は私で好きな生き方をしていく」といった個々人の感覚を繰り込んだ上での議論をすることである。

（執筆年月不詳・『視点・論点』）

禁煙論議にひとこと

ここ数年、公共空間での禁煙エリアが次々に広がり、嫌煙家と愛煙家との対立や分煙の工夫がさまざまに演じられている。もちろんこのせめぎ合いは、迷惑をかける可能性を持つ側の愛煙家に分が悪く、彼らはしぶしぶ「時代の流れ」を受け入れつつ、「これはファシズムだ」という陰口を漏らすことで甘んじている。

先ごろイタリアで、レストランなどでの喫煙者を見つけたら店主が警察に通報することを義務づけ、違反すると多額の罰金を科せられる法律が成立したそうだ。正直なところびっくりした。

イタリアというのはいい意味でも悪い意味でも、その爛熟の歴史ゆえに、もっといいかげんな国だと思っていたからだ。

この種の法的な強硬措置がいい効果をもたらすとはとても思えない。どうして思えないのか、その理由を人間論的に語ってみたい。

私はたばこを吸ったりやめたりした経験を何度か持つ。その経験を通して、なぜ多くの人は酒、たばこ、麻薬などを「わかっちゃいるけどやめられない」のかについて少しばかり考えてきた。

結論として出てきたのは、「すべての人間は本質的に中毒存在だ」という命題である。

何も愛煙家を擁護しようと思ってこんなことを言うのではない。喫煙行為が、ある条件下で他人に迷惑を及ぼすのは明瞭で、その限りで嫌煙家の主張は正当である。ことに人混みでの歩きたばこは絶対にやめてもらいたいと私自身も思っている。

しかし、たばこは健康に悪いという一見強力な「医学的真理」を私は信じていない。人間は精神衛生の保持という面倒な課題を抱えているから、適度の嗜癖は当人の健康にとってよいという逆の「真理」も同じくらいに成り立つのだ。

精神衛生を保持しなくてはならないのは、人間が中毒存在だからである。その心は、「絶えず意識を何かの行動や信念や目標に差し向けていないと気が落ち着かない存在」というところにある。

私たちは身体の現在に休《やす》らうことができず、いつも「気分」を状況から浮き上がらせ、その浮き上がりの着地先を求める。それが結果的に嗜癖であったり、好奇心であったり、宗教であったり、健康こそ大切だという信念であったり、ビジネスへの熱中であったり、強圧的な制度であったり、さらには、芸術や科学であったりさえする。だから人間が中毒存在だという命題は、嗜癖に耽る人ばかりでなく、逆に衛生や健康を過度に気にする人たちにも当てはまるのである。

科学が核兵器を産んだように、何事も過度の「中毒」がよいはずがない。人は一人で生きているのではないから、本人のみでなく、必然的に周りの人にも悪影響を及ぼすことになる。したがって、人権社会を逆手に取った「愚行権」などというリバタリアンの屁理屈も私は認めない。

何年も前にツアーで同行したあるベジタリアンが、既定の昼食を拒否して無理な注文を出したために、ウェイトレスが怒りを爆発させる光景に接した。私は当然だと思った。歩きたばこと同じ迷惑をかけているのだ。

信念に固執せず、「いずこも同じ中毒患者」であることを互いによく自覚し、適度な寛容と場にふさわしいマナーとを失わないようにすることが、共存共栄に結びつくのだと思う。これを「いい加減」と言う。


（二〇〇五年二月・『宮崎日日新聞』）

法律はバベルの塔

最近『模範六法』（二〇〇二年版・三省堂）をパラパラめくる機会がある。条文ごとに判例が併記されているので、ことに「刑法」など、おもしろくて思わずつり込まれてしまう。たとえば次の例などはどうであろうか。

被害者の身辺近くで大太鼓、鉦などを連打し、頭脳の感覚が鈍り、意識朦朧たる気分を与え、または脳貧血を起こさせる程度に至らせた場合は、本罪（第二〇八条）の暴行にあたる。

（最高裁判決昭和二十九年八月二十日）

なるほど、身体に接触して傷害を加えなくても、いやがらせで相手の身体に異常をきたさせただけで暴行罪は成立するのか。となると、たとえば残酷なものを見せた結果、相手を継続的な食欲不振に陥らせたり、口臭によって相手にいつも吐き気を催させたりするだけでも、暴行罪に問われる可能性がある。

こんな例もある。

被害者が、共犯者の一人によって強姦された後、さらに他の共犯者らに強姦されることの危険を感じ、詐言を用いてその場を逃れ、暗夜人里離れた地理不案内な田舎道を数百メートル逃走し救助を求めるに際し、転倒などして負傷した場合には、強姦致傷罪の成立を妨げない。

（最高裁決定昭和四十六年九月二十二日）

「成立を妨げない」とあるから成立したのかどうかわからない（たぶん成立させたのだろう）が、こういう屋上屋を架したような苦しい解釈をして「強姦致傷罪」を適用するくらいなら、被害者に多大な恐怖を与えた他の共犯者を「強姦未遂罪」として重く罰すればすむ話ではないのかな。

ちなみに「未遂」は「刑を減軽することができる」（第四三条）とあるだけで「減軽する」とは規定されていないから、実行犯並みの処罰が可能なはずだ。

これらを読んでいてまず抱くのは、成文化された「法」というルールの体系はしょせん、とりあえずの網掛け（マニュアル・ハンドブック）であって、その時々の関係者のやりとりを背負った運用責任者（裁定者）の主体的な判断こそが決定的だという月並みな感想である。

かの麻原某も、裁定者の主体的な判断次第によって、無罪にもなれば死刑にもなりうる。そして、その主体的な判断を規定するのは、法理そのものであるよりも、むしろ裁定者自身の「情意」を動かすにたる、彼を取り巻く直接、間接の諸状況である。被害者の遺族感情、しでかしたことの社会的影響の甚大さ、国民世論、被告の態度が与える心証、実行犯たちが受けた判決とのバランス、等々。

次に抱くのは、法の体系というのは少しも美しく整序されたものではなく、その成立過程を想像すると、あたかも土壌の有り様や変化にそのつど適応しようとして、必死にかつ場当たり的に根を張りめぐらしては、お互いに重なり合っていく樹木群の成長の涙ぐましい姿のようなものだという印象である。

それは、人間が言葉によって、連続体としてのこの現実世界を切り分けていくことの制約と限界を最も象徴している。まあ、言語というものは、本質上、そうした無力さと効力との表裏一体性を免れないのかも知れない。でも「あきらめは禁物」と心得よう。
「あきらめは禁物」の一例として、強姦罪にこだわるのだが、第一七七条の次の条文などは、もうちょっと何とかならないのかと思う。

暴行または脅迫を用いて十三歳以上の女子を姦淫《かんいん》した者は、強姦の罪とし、二年以上*の有期懲役に処する。十三歳未満の女子を姦淫した者も、同様とする。

*二〇〇四年より三年以上に改正

うーむ。

まず素直に読むと、十三歳未満の女子の場合も「同様」なら、何のために年齢の区別をしたのか、と一瞬思ってしまう。しかしこれは、よく玩味すると、「十三歳未満の場合は、たとえ暴行や脅迫の事実がなく、女子が肉体関係を結ぶことに合意したとしても」という意味だとわかる。十三歳未満の女子と性交することは無条件に禁じられているのだ。だったら、そう明記すればいいじゃないかと思うのだが。

もう一つ、被害者を「女子」とはっきりうたっている点であるが、これについては、複雑な感慨がわき起こる。

私は杓子定規な平等論者ではないので、ここに人間の「性差」が明白に反映されている事実に健全さを感じこそすれ、憲法で規定した「男女の本質的平等」に反するなどと異を唱える気はさらさらない。女子が男子を強姦すること（男子が女子に強姦されたと感じて、それを親告すること）は普通の状況ではほとんど考えられないからだ。

しかし反面、同性愛の男子が年端の行かない男子を強姦することは大いにあり得る。やはり「女子」という規定は削除するか、「男女」とすべきではないか。

グロテスクなバベルの塔のようになった法体系を一度一掃し、「神々」が知性を結集して、美しく整序された形式にしてくれないものかと思う。

（二〇〇二年七月・『Ｖｏｉｃｅ』）

「第三の他者」としての法

「自己と他者」といえば、哲学が専売特許的に扱うテーマと考えられている。

フッサール現象学に他我問題というのがあって、彼は『デカルト的省察』（浜渦辰二訳・岩波文庫）の中で、他者がなぜ自分と同じ自我の構造をもった人間存在と認定できるのかという問いを自ら立て、悪戦苦闘している。類比と感情移入によってというのがその答えだが、これは完全に失敗していると私は思う。おそらく方法的独我論という戦略をとったための必然的な誤りである。

いまこの問題に深入りする余裕はないが、少なくとも次のように批判することはできる。類比が可能となる前に（たとえば鏡で自分の姿を見ておく前に）人は互いに情緒的に関係しあうものとして生きてしまっている。また、感情移入が可能となるためには同類としての情の交流が前提として必要である。したがって初めにあるものは、フッサールが考えたように自我と自我との対立関係なのではなく、情緒の共有の場そのものである。この見えない場の上に立って、私たちは自他相異なる存在として関わり合うのだ。

だからフッサールの他我問題は、情的な交流を無視して純粋自我という存在を無理やり仮設したところから出てきたアポリアなのである。

ここでは哲学者好みのこのテーマを違った角度から扱ってみたいと思う。

自己と他者という対立命題の立て方は、私たちの現実的な生の様相から眺めると、きわめて抽象度が高い。だからこそ抽象概念が好きな哲学がすぐに飛びつくのだが、実は、私たちの日常的な生において、自己と他者がその純粋性を損なわないままに対峙しているなどという場面は本当はそんなに見られない。

実際には私たちは、そのつどレベルの異なる「他者」と出会いつつ交流している。そして、より情緒的共感の強い相互交流の場においては、相手を硬質の「他者」であるなどとは意識していないのである。

しかしまた人間がそれぞれ身体を異にしている以上、その出会いにおいて何らかの「自己―他者」関係が存在していることも事実である。

いま「レベルの異なる他者」と述べたが、これを私は、人間個体の発達段階に即して、三層構造として捉えている。

第一は、赤ちゃんにとっての他者、つまりは養育者（両親、特に母親）である。この段階では、他者は自己と情緒的融合の相の下にある。

第二の他者は、「物心がついた」段階における、顔によって見分けうる名前のある具体的な他者、つまり自分と明瞭に区別しうるようになった両親や、兄弟姉妹、友人、知人、教師、また偶然に出会う見知らぬ人などである。

見知らぬ赤の他人を、知人縁者と同じ層に分類するのはおかしいと思われるかもしれないが、「知っている人・知らない人」という区別は、どちらも生身の個人に対する同じ土俵の上での区別なので、両者は他者認識としてのレベルが等しいのである。

さて第三の層における「他者」は、観念的に想定される他者一般である。そのような抽象的な「他者」の存在が自己の内部でしっかりと定立できるためには、自己が自己自身をしっかりと定立できていなければならず、それを認めうるのは、思春期・青年期以後ということになろう。

思春期・青年期以後の自己は、周囲からは社会的人格一般として捉えられる。これを裏返すと、第三の「他者」とは、そのような個々の人格に理性的に対応できる性格を持つ人格でなくてはならない。すなわちそれは、「法」である。

「法」を人格を持つ他者と呼べば、一見奇妙に聞こえよう。しかし、私たちが大人としてこの世を泳いでいくその泳法を規制し、また同時に支援してくれる普遍的な存在は、近代では、法をおいてほかにないのである。ゆえに法こそは、第三の他者なのだ。

（二〇〇八年十二月・『ＳＳＫレポート』）

「責任」とは何か

以前、「デマメール」のことを書いてから（本書二章「デマメールは社会を映す鏡」）、「責任」とはそもそもどういうことかという疑問がしばしば脳裏をかすめるようになった。

この言葉は、複雑なルールと信頼関係の網の目として成立している現代社会では、何かトラブルが発生するたびにやたらと多用されるけれども、じつはあまりきちんと検討されたことがない概念である。

たとえば東京電力の原子力発電所でいくつもの「ひび隠し」が発覚し、幹部数名が「引責辞任」した。

その後の報道によると、東電は「ひび隠し」の報告を内々には受けていたが、詳しい実態を確認できなかったために、推進中のプルサーマル計画をただちに凍結するわけにはいかないものの、住民や国民の信頼を失うことを懸念して、水面下で新潟県や資源エネルギー庁に凍結をはたらきかけていたこと、また「ひび隠し」の一部には、認可申請の不必要な修理について、認可までに数年かかると回答した旧通産省の誤指導も関係していたこと、経産省原子力安全・保安院は、東電に対して刑事告発や行政処分は行なわないと決定したこと、などが判明している（二〇〇二年九月十五日現在）。

この事件は、電力業界全体、発電所や再処理工場がある地元などにとてつもない衝撃と波紋を巻き起こしている。実施中・計画中の原子力政策全体に大きくブレーキがかかってしまうからだ。これまでにかけた建設コストの回収は？　地元や国民の信頼回復の手だては？　日本経済への今後の影響は？

やれやれ、である。ちょっと報道に接した限りでも、思わずため息が出るような事態だ。こういう厖大な広がりをもつ具体的な事態に、いったいだれが、どんなかたちの行動や態度を示せば「責任」をとったことになるのか。

いわゆる「原発反対派」は、国の原子力政策そのものが誤りだと唱えつづければすむかも知れないが、そんな簡単ではないことは、ずぶの素人でもわかる。

また、誤解を招きやすい言い方になるが、ひびを隠したことそのものの「悪」だけを鬼の首でも取ったように追及すればよいのかという疑問も湧く。

そして同時に、この種のことがもつ「悪者探し」の難しさそれ自体は、じつは、小さな生活局面から大きな政治社会のできごとに至るまで、程度の差はあれ、だいたい同じではないかという直観もはたらく。ではその「難しさ」の構造をどう読み解いたらよいのか。

ここでは、近代社会が了解している「責任」という概念について、とりあえず原則的なことだけをいくつかメモしておきたい。

①「責任」は、事実上、私たちが人間関係の流れの過程に、ある行為を投げ入れた瞬間に

発生する。しかしある行為が責任を問われるかどうかの境界は、その行為者の身分や役割や権力の範囲に応じてあらかじめ漠然と想定されているので、行為ははじめからまったく自由ということはあり得ず、その影響が予想できるような予想できないような、曖昧な規制を受けている。

この曖昧な規制から来る不安を引き受けるのでないと、私たちはどんな行為も決断できない。逆に「何もしない責任」を問われることもある。

②「責任」には、「法的責任」と「政治的責任」と「道徳的責任」の三つが考えられる。しかし行為は個人のものであれ組織のものであれ、そのつど一つに絞って捉えなくてはならないから、事実上は、一つの行為にこの三つの概念が濃淡をもって重なり合う。

③法的責任を問う場合、私たちは、行為者の「意」を「うっかり」か「わざと」かの二つに分けて判断する。前者では「過失責任」、後者では「犯罪」として対処する。しかし「意」は必ずしもあらかじめ明らかなものとは言えないから、両者の境界も曖昧である。私たちはあくまで結果からさかのぼって、あえて仕方なくそのように切り分けるのである。

④政治的責任は、一定の役割や権力の枠内に沿ったある行為の効果や影響力の大きさによって測られ、失敗が確認されたときには、事後処理の合理的な適切さによってまっとうされる。

ちなみに「引責辞任」は日本人の得意技（ハラキリ）だが、当事者の処理能力の無能が確認されるのでない限り、引責辞任をもって政治的責任をとったと見なす習慣は、私たちみんなが改めるべきだと思う。
⑤道徳的責任は、何をしたかということよりも、当事者の誠実さを確認できるかどうかにかかっている。役割にふさわしい日頃の態度、改悛の情の表現の仕方など。しかしこれまた「画定」は難しい。なお「引責辞任」は本来、こちらに属するものだろう。

いずれにせよ、私たちは責任を云々するとき、連係プレーという本来個別には切り離せない曖昧な流れのどこかに、やむなく明確な固定点としての亀裂を入れ、しかたなく責任者と免責者とを切り分けるのだということをよくよく自覚しておいた方がよい。責任を言い立てる者の責任もあり得るのだ。

（二〇〇二年九月・『Ｖｏｉｃｅ』）

メルト・ダウンする司法制度

施行間近い裁判員制度は、一般市民が重要な刑事事件の裁定に評議者、評決者として参加する制度だが、この制度を考えた人たちは、近代民主主義国家というものがどういうものであるかについてとんでもない勘違いをしている。

この人たちは素朴にも、一般市民が国政の重要案件の解決のために直接参加することが、民主主義の理念にいっそう近づく道だと考えているからである。

いまさら近代民主主義国家の構造についておさらいするのも野暮だが、ホッブズの社会契約論的な考えを援用すれば、人間はその自然状態においては、互いに殺しあう「万人の万人に対する闘争」の様相を呈するしかない。この「恐怖」を回避し、そこに一定の秩序を持った「社会状態」をもたらすためには、各人が互いに契約を交わしていっせいに武力その他の力の一部を放棄し、自分たちを超越した機関にそれを信託するのでなければならない。その信託された機関が、紛争を調停し危機を克服するための国家権力機構である。

この社会契約説は、国家が現にいま機能しているときの、市民社会と国家機構との関係の原理を解読したものとして比類ない的確さを具えている。そしてこの事実は、今日の民主主義国家においてこそいっそうよく当てはまるのだ。

国家機構は、市民の共通の意志を反映し、それを決断と実行に移す、いわば私たちの代理店と見ることができる。しかし人口が増大し、社会構造が複雑で高度なものになればなるほど、市民の共通の意志なるものを単純な形であぶりだすことは難しくなる。

そこで、高度な専門的知見に依拠した、国家機構のいっそうの精密化が計られなくてはならない。国家が、独立の気概と自信を持って社会正義をあくまでも理性的に実行してみせること、それでこそ私たちの信託に値するのである。

裁判員制度は、司法権力がこの独立の気概と自信を喪失して、専門機関としての能力と使命をみずから放棄する第一歩に他ならない。あなたは命にかかわる手術を受けるときに、医師ではない素人がメスを握ることを肯定するだろうか。

法曹界のこの種のだらしなさは、別の面でも現れている。

二〇〇八年の十二月から、被害者または被害者遺族が、被告や証人への質問・尋問、意見陳述を許されるばかりでなく、求刑の権利までも与えられるようになったのである。

これは、一見、被害者の声をより強く反映させるように制度を変えるのだから、首肯しうる判断のように見える。しかし実際には、素人と国家機関の専門家との垣をはずして、国家の尊厳をみずから崩しているのである。

結果、どういうことが予想されるかといえば、権威ある第三者の理性的判断の価値を相対的に減殺させ、事件当事者の情緒的判断にゆだねる傾向が増大する。

誤ってはならないが、刑事裁判は、けっして被害者や被害者遺族の復讐心を代行するために行なわれるのではない。むしろ復讐の連鎖を抑止し、あくまでも法に体現された理性によって、社会正義を執行するために行なわれるのである。

この原則を忘れた制度改革は、やがて近代国家の柱である「尊敬されるべき専門家による代理店」としての機能を、じわじわとメルト・ダウンさせる方向につながるであろう。

（二〇〇九年二月・『ＳＳＫレポート』）

携帯電話の功罪

先日、携帯のｉモードを使っているある知人が、Ｈ系ビジネスからの迷惑メールが毎日何本も入って困っている、と苦笑気味に語っていた。

電話番号でアドレスを登録すると、商魂たくましいＨ系は、ロボットを使ってやたらめったら打ち込んでくるらしい。電話会社もそれだけ通信量が増えて利益につながるから積極的防止に乗り出してはくれないようだ。

出会い系サイトにはまって犯罪に巻き込まれた例などもマスコミで話題になった。若い女の子たちの中には、いわゆる「メル友」を二百人も三百人も持っていて、絶えず誰かとやりとりせずにはいられない子も多いという。

着信音を消してメールでやりとりすれば、話し声が他人をうるさがらせることもないから、学校の授業中などでもさぞかしさかんに交信が行なわれているに違いない。

善し悪しはとりあえずおくとして、携帯電話の普及が私たちの生活意識に与える影響とはなんだろう。

いくつか考えられるが、一つは、場所を同じくする人々同士の公的なつながりの価値が逓減し、空間を越えた私対私の関係の価値がその分増大するということではないだろうか。

言い換えると、教室空間のような「権力場」が、形式的にしか機能しなくなる可能性が高いということだ。組織は新しい組織論を持たなくてはならない。

また、離れた相手といつでもコミュニケーションが通じてしまうということは、「待つ」ことの期待と不安とか、相手の不在を通して相手への思いを内面的に高めるといった心理作用がだんだん不要なものになっていくことを意味するのではないか。

そうすると、男女の関係でもドラマが盛り上がりにくく、より日常的な平板なものになってしまう可能性がある。

さらに、本来、豊かな表情を持つ話し言葉を、制約の大きい書き言葉に無理に押し込めることによる、心のすれ違い、誤解、トラブルなども発生しやすいように思う。

危機管理や業務の迅速化、すれ違いの防止など、機能的に大きな利便性を備えていることは充分に認めた上でいうのだが、要するに、携帯電話が個人にとって持つ心理的価値とは、孤独や寂しさや不安を紛らしてくれる「おもちゃ」ということではないだろうか。

一般に文明の利器は、車やエアコンのように、いったん持つと必需品になってしまう。しかし携帯電話という「おもちゃ」を必需品として情報の乱気流に巻き込まれつつある私たちは、それに慣れた段階からまた新しい孤独や寂しさや不安を発見するに違いないのである。


（二〇〇一年八月・未発表）

メディアと身体

メディアと身体との関係の問題にはいる前に、私たちが「身体」と呼び慣わしている物事が、現にどのように現象しているかについて考えておきたい。

ふつう、私たちが身体という言葉を使うとき、「一定の物理空間を占め、生理的に統一された内部システムをもち、外的な感覚刺激を自分にとっての意味として受けとめながら、みずから動いて周囲との関係を動かし（また周囲から動かされ）、さまざまな目的行動を実現しようとする一個の個体」というほどの概念でこれを把握している。

「身体」なるものを医学の対象として扱う場合も、何らかの刺戟に対する反応系とみなす場合も、この常識的なとらえ方をしていれば特に支障は生じない。また、その持ち主の意志の指令の下にはたらく特権的な物体として身体を考える場合も、さまざまなサインを互いに送り合って他の身体と交流する身体を云々する場合も、右の概念規定でほぼ事足りると言ってよい。

ところで、こうした常識的な把握の仕方においては、はじめから互いに越境できない二つの関係が前提となっている。

一つは、身体と外的環境との関係、そしてもう一つは、身体と心との関係である。このように外的環境と心という二つの概念の間に挟みこんで身体のイメージを描くとき、「身体」概念はおのずからある限界と制約から逃れられないものとして了解されている。

その限界と制約とは、たとえば、空を飛べないとか、百メートルを一秒で走ることはできないとか、二百年は生きられないとか、他の身体と完全に合体することは不可能だとか、一つの身体が他の身体にやどる心の内部をありありとのぞき込むことはできないなどといったことである。

だが人間の身体はこうした古典的な理解でとらえきれるものなのだろうか。外的環境との関係にしても心との関係にしても、人間の身体はこれら二つに截然と分けることのできない相互浸透的な機能の領域ともいうべきものをはじめからもっていると考えられる。

外的環境との関係で最もわかりやすいのは、道具の存在である。

私たちは、自分の物理的身体の周りに、ありとあらゆる道具を張りめぐらせ、自由自在に使いこなすが、こういうことが可能なのは、機能としての身体が、物理的実体としての身体をはるかに超えて、道具の先端にまで延長されているからだとしか考えられない。

大工さんの釘打ちや鉋《かんな》がけにおける巧みなわざ、ホームランバッターの一撃、ピアニストの見事な指運び、板前さんの鮮やかな包丁さばき、内視鏡によって手術する医師の細やかな操作、盲人が杖の先によって歩行空間を確保することなどはこの事実の端的な例である。

これらの例で、身体を動かす意志は、自分の身体の空間的な限界（皮膚という境界の内側）

のところに集中するのではなく、道具が作用してじっさいに外界に変化を及ぼすその点にまで拡張されているのだし、もっといえば、拡張された身体としての道具そのものがすでに、あらかじめ素描された目的意志を支える黒子のように背景に退いているのだとさえ言える。つまりそれらの道具はもう身体の一部として精神の支配下にあるのだ。

しかし、名人芸は、ほんとうは氷山の一角であって、私たち凡人でも、そのような道具の身体化をありとあらゆる場面で無自覚的に行なっているのである。たとえば自動車の車体の大きさに対するドライバーの正確な感覚や、欲しいものが手を伸ばして届く範囲にあるかないかの即座の判断、自転車の乗りこなしなど。

これらは、身体によって親しまれた身体周辺の知覚空間を、精神のはたらきに「とっての」空間として体制化する営みを、私たちが不断に行なっていることを意味している。だから主体に馴染まれた空間は、半ば主体の可能的身体として主体に浸透されているのである。あるいはそれは、主体の欲望の圏内にはじめから取り込まれてあるといってもいい。

身体と心との関係では、どうだろうか。

これもいちばんわかりやすい例を挙げるなら、好調不調の相互影響関係が適切だろう。身体は心によって規定されるが、心もまた身体によって規定される。心にとって楽しいことがあれば、私たちの身体は文字通り「身も弾む」ようになるし、心的ストレスが強い時は、姿勢もくぐもり、胃腸に変調をきたしたり、動けなくなってしまったりする。悲しみや怒りが激しいときは、情動に促されて涙がこぼれたり体が震えたりする。反対に、アルコールのような物質的刺戟によって、心の状態はたやすく変わるし、病原体は心のはたらきをひどく衰えさせることがある。また身体の長い固定状態は、心を耐え難くさせる。

心身関係論は、長い間哲学上の難問であり続けているが、これが難問になってしまったのは、「身体」という概念と「心」という概念とを分立させて、互いに独立な二つの実体であるかのように把握せざるを得なかった私たちの言語のあり方にその原因がある。私たちの身体と心とは、互いに自立した二項のような面をもちながら、他方では「心身一如」としか表現できない現象を呈するのである。

この独特な難しさを言語問題として追究することはしばらく措こう。

さしあたり身体と心という二概念を捨てきれないかぎり、両者は次元を異にする概念でありながら、明確に境界を引くことのできない連続性をもった関係にあると言っておくほかはない。

つまり人間の身体は、心との不可分の関係によって、その物理的限界を超え、空間的にも時間的にも絶えずみずからの触手を拡張しようとするダイナミックな「幻想的身体」あるいは「自己超越的身体」として存在している。

さて、身体とメディアの関係を考えるにあたって、以上のような但し書きをわざわざしたのには、それなりの理由がある。

メディアとは主体に情報を差し向けてくる媒体ないしはシステムであるが、その情報は、視聴覚的刺戟として身体をめがける。テレビ、新聞、本、映画、音楽、マンガ、インターネットなど、すべてその伝達の基礎になっているのは、視聴覚的な刺戟である。

ところでここには二つの厄介な問題がはらまれている。

一つは、私たちの知覚作用なるものは、単に外界からのナマの刺戟を受動的に受け入れるのではなく、その作用そのものが常に主体自身の生きる欲望との相関関係におかれているという事実である。

言い換えると、何かが見えたり聞こえたりすることは、同時に、その主体自身の生の可能性を開いてみせる意味を担っているのである。

このことは、ある人が何かを知りたいと思って、意識的にそれに関する情報に接しようとし、注意をそこに差し向けたかどうかとは、さしあたりかかわりがない。ぽかんとしていても情報は目や耳に入ってきてしまうのだが、そのとき人は無意識のうちに、その情報を自分がこれから生きることにとっての主体的な意味として受けとっている。

たとえば取り立てて急用もなく、自分の部屋の中にいて、いつも見慣れた何の変哲もない壁や窓や机の上などを眺めている場合でも、そのように知覚していること自体が、その人にとってこれからどうするかを条件づける意味をもっているのである。彼はその見慣れた知覚によって、ある心理的な安定感を得、したがってしばらくこのままでいるという振る舞いを保証されるというように。

またたとえば何かの音が聞こえてきた場合、私たちはそれを自分にとってまったく没価値的な、ニュートラルな刺戟として受けとることはほとんどなく、何らかの情緒的な価値を背負ったものとしてその音を受けとめている。不快な音、快適な音、どことなく不気味な音、というように。

だから、大勢の人がしゃべっている場所で自分の名前が聞こえたりすると、たとえ他の音声に比べて音量が小さくとも、ハッとするという「カクテル・パーティー効果」のような現象が見られるのである。

このようにして、積極的にであれ、消極的にであれ、ある知覚情報は、常にその人がこれからどう生きようかという可能性を提供する。そうしてそれは、目や耳を意識的にふさごうとしないかぎり、その人の欲望や行動と結びつく条件となるのである。

ところで、今日のような情報の洪水に見舞われている時代には、ある人にある情報が見えてしまったことや聞こえてしまったことが、たとえその人にとって都合の悪い情報だったとしても、彼はそれを自分の欲望や行動の条件として主体的に引き寄せるので、その責任を情報の送り手（たとえばマスメディア）にだけ帰するわけにはいかない。

これが厄介であることの第一点目である。

私たちは山奥に隠棲するのでもないかぎり、だれもが否応なく、情報洪水時代の参加者である。受け手の潜在的な関心や欲望が平均的に見てどんなものかということを知らなければ、メディアは特定の情報を受け手に送り届けるということをしないだろう。
もう一つの厄介な問題とは次のような点である。

メディアの送る情報が視覚と聴覚にうったえるということは、同時に、他の感覚、つまり味覚や嗅覚や触覚にはかかわらないということである。

味覚や嗅覚や触覚は、対象と身体との接触か近接を仲立ちとして成立する。それらはその発生源の近くにいた人にしか実感できない感覚である。これらは人間にとっていまでも原始的なままにとどまっていて、人類史のなかでは広く公共的な意味を担う感覚として発展することがなかった。

これに対して、視覚情報と聴覚情報は、もともと広範囲にわたる伝達が可能であった上に、驚くべき技術の発達によって発信者と受信者の間に横たわる距離の遠近や時間的なずれを克服し、瞬時に不特定多数の身体にまで到達させることができるようになった。しかもその内容たるや、まことに複雑多岐にわたることを可能にしてしまった。

今日の社会は、この雑多で厖大な視聴覚情報（音声言語、文字言語、映像、音楽など）の存在を抜きにしては成り立たない。ということは、一人ひとりの個人の立場からすれば、彼が一定のまともな社会的人格の持ち主として生きていくかぎり、自分の人格そのものを、送られてくる視聴覚情報に適応させるように構成せざるを得ないということだ。

以上のように考えてくると、視聴覚情報の送り手であるメディアと、それを受けとる一つ一つの身体とは、すでに差し戻し不可能な共犯関係として結ばれてあると覚悟するしかない。だから、身体とメディアの関係を考えるためには、この二つを、互いに対立する二項のように発想する考え方をひとまずは捨ててかかる必要がある。

メディアを支える技術がここまで発達したのも、もともと私たちの身体が、「幻想的身体」あるいは「自己超越的身体」として、その物理的限界を限りなく超えようとする志向性をもっているからであった。

このメディアと身体との結託の構造は、今後強まりこそすれ、弱まったり解体したりすることはあり得ないだろう。とすれば、私たちは、この傾向を不可避の現実として受け入れ、その上で、メディアに対する受け手としての「筋力」を高めるほかはない。

では、どうすれば筋力を高めることができるだろうか。

まず考えられることは、一方的に送られてくる情報の真偽や適否をいかに見分けるか、その判断力を養うことである。そのためには、マスメディアの煽り情報を鵜呑みにせず、健全な常識に裏付けられた懐疑精神を身につける必要がある。

たとえば、「少年の凶悪犯罪はほんとうに増えているのか?」について信頼のおける資料にあたってみる。すると意外なことに気づくだろう。

次に、単なる「情報」とたしかな「知識」とをいかに区別するかである。

メディア情報は激しいスピード競争の上に乗って送られてくるから、受け手もそれにつ い巻き込まれて、互いに脈絡のない情報群を次々に消費してしまいがちである。

しかし「知識」はこういう流れにただ乗っているのでは身につかない。あくまでもある情報を理性的に選択した上で、それについて自分の頭で納得できるまでじっくり考える過程が不可欠である。

また、これとかかわることだが、がらくた情報の山の中から、自分が現在および未来をよりよく生きるためにどんな情報がほんとうに必要なのか、その取捨選択の能力を高める必要がある。

そのためには、自分にとって適切な耳のふさぎ方、目の閉じ方をふだんから習得しておかなくてはならない。私の知人のある評論家は、新聞やマンガには多くの時間を割くが、テレビは見ない（もっていない？）という。一つの立派な見識である。

さらに、高度情報社会は、特にＩＴ社会の到来とともに、知的な面にかかわる仕事を忙しくさせている。

コンピューターの普及は、たしかに半面では事務処理などを便利にさせたが、ある仕事に必要な情報とそうでない情報との識別能力を極度に要求したり、機械やシステムのちょっとした故障が大きな悪影響を広く及ぼしたり、処理すべき情報の厖大さに通常の身体能力がついていけなかったりといった事態を引き起こしている。

人間の身体の自己超越性が生み出した技術に、当の物理的な身体がついていけてないのである。

文字が出現したときにたぶんそうであったように、だれもがゆとりをもってＩＴ社会とつきあえるようになるためには、まだ相当の時間がかかるだろう。こういう過渡的な社会では、かえって、互いに名前と顔をもった身体どうしのナマの出会いや関係をいかに大切にするかが問われなくてはならない。

最後に考えなくてはならないのは、特定の巨大メディアに公共空間を独占させないために何ができるかということである。

いうまでもなく、いま巨大メディアは、古典的な政治権力をも包み込む新たな、そして最大の権力と化している。どんな中枢権力を握る政治家や官僚も、メディアとの関係を円滑に運ぶことなしには自己の存在を維持し得ない。

私たちは当面、双方向の交信が可能な手元のＩＴツールを武器として、一方的なメディア情報を批判的に検証し監視できるような幅広いネットワーク形成の努力を惜しんではならないだろう。

（二〇〇七年九月・『熱風』）

情報階層社会という分水嶺

還暦を迎えて一年半以上になるが、そのころからいろいろなことが億劫になり、特に新しいことを覚えようとする気力が湧いてこなくなった。

だがいまや人生八十年時代、ことによったら九十年時代と呼んでも大げさではない長寿社会で、どうやら六十代などまだ老人の部類に入れてもらえないような按配である。じっさい、同年代の人々の大部分は、旺盛に活動している。

しかし内部から私を浸しにやってくる声としては、やっぱり新時代になかなかついていけないし、別に無理してついていく必要もないという諦観的な響きが日増しに強くなっている。

経済不安さえなければ隠居生活も魅力的だし、私と同世代の著名人や個人的な知人で、ころりとあの世に行ってしまう人も意外と多いのである。

私は、企業組織に属したこともなく、四十代後半からは著述で身を立ててきたので、ＩＴツールを必要最小限に絞っている。

パソコンは、ワープロとメールと、本などを買うためや探し物を探し当てるために時々覗くインターネット以外にはほとんど使わない。携帯電話は、メール機能もカメラ機能もない通話専用のものしか持っていない。

それにしても、電車の中で乗客があのハンディな器具に目を凝らしながらしきりと親指を動かし始めたのは、いつごろからだったろうか。せいぜい今世紀はじめくらいからだろう。

普及し始めたころは、なんだか異様な感じを抱いたが、そういう「異人種」が世間を爆発的に席巻してくると、こちらはまず「あれはいったい何だ」と敵軍に攻略されているような存在的不安をおぼえ、ついで、自分にとっての必要性を吟味する。吟味というと聞こえはよいが、要するに、新兵器を前にして自分もあれをやってみたほうがいいんじゃないかとひたすらあせりを感じるのである。

それであるとき、少しは世間様に付き合ってみようかと思い立ち、それまで持っていたメール機能なしの古い携帯電話を買い換えるべく、ふらふらと携帯ショップに迷い込んだ。自分では勇を鼓したつもりである。

ところが、色鮮やかな多くの機種ときれいな女性店員さんたちの前に立たされて、じつは自分は新機種などほしがっていないのだということに不意に気づかされた。

そこで、これまでのよりももっと単純な、ウインド表示もなく、留守電機能もない、きわめて単純な通話機能だけの「お年寄り」用を買うことにしたのである。その商品広告は、案内リーフレットの片隅に、申し訳なさそうに掲載されていた。

要するに私は、「退行」したのである。「これで十分じゃないか、これで十分じゃないか」と心の中で自分に言い聞かせながら。つまりは、この経験がＩＴという大きな流れに対する、私なりの個人的な「分水嶺」だった。やっぱり細々と流れる孤独な流れのほうを選んだのである。

数ヶ月前、キーボードのあるパソコン機能つきの携帯が登場して長い行列ができた。

もちろん携帯に限らず、ＩＴ業界は次々と新商品を開発して他商品との差別化競争がますます激化しているようだ。いうまでもなくＩＴ化の流れは、ビジネスの世界では、もはや後戻りできない激流となっている。

だがこの流れが人間をどう変えるか（よりよいほうに？　それともより悪いほうに？）ということを説いた決定的な書物はまだないようだ。

そんな中で、流れに乗ることをあきらめた私などが口を挟む余地はほとんどないといってよいが、漏れ聞くところによると、仕事でいやおうなくＩＴに直面せざるを得ない現場の人々は、少数のエキスパートや電脳好きを除いて、この流れに対して相当のストレスと不快感をため込んでいるようである。

ネットワーク全体のシステムダウン、書類作成や決済処理上のマニュアルの理解困難、メールのやりとりを通しての誤解や紛糾、システムの不備を無視した強引な見切り発車、ウィルス対策のヴァージョンアップのためのタイムロス、ネット詐欺への警戒の必要など、いまだにいらいらさせられることがずいぶん多いらしい。

過渡期の悩みといってしまえばそれまでで、世代が移れば、技術も使いこなしやすいように進歩するだろうし、ユーザーもさほどの困難もなく使いこなすように慣れてくるのだろうが、職場でのストレスや不快感が、ただ本人たちの「我慢」のレベルにとどまっていて、それを訴えればすぐにでもケアしてくれるような体制が整っていないのは、やはり困ったことである。そういう部分を直ちに解決できないのがこの新技術のネックであろう。

コンピューターが趣味のように好きな人（少数派）と、それほど好きになれない人（多数派）との間のギャップは、これからも変わらないだろう。

とすると、ここに「情報階層社会」ともいうべき二極分解が生じ、これが経済的な階層社会へ、さらには政治的な階層社会へと発展していく可能性が大きい。私などのあずかり知らぬところで、現にこの大きな分水嶺は発生しているのかもしれない。

（二〇〇八年十一月・『ＭＯＫＵ』）

公共放送を多極化せよ

台風がたくさん来て、大地震が起きた。被災者の方たちや救済活動に当たられている方たちの辛苦には衷心よりご同情申し上げる。

と書きながら、まことに言いにくいことだが、こういう決まり文句を吐く自分自身につはかすかな違和感を覚えている。これから書くことが、多くの人々の誤解を招いてひんしゅくを買うことのないよう祈りたい。

台風が日本列島をまもなく襲うという予想が立てられると、NHKは、ほとんどすべての番組を中止して台風関係の情報ばかりに切り替えられる。これはいわば当然のことで、日本国の「公共放送」を標榜する放送局が「日本人」の生命の安全を守るための情報を最優先させることそれ自体に異存はない。

しかし、結果論になるが、こんなに台風の当たり年といわれながら、全国的な大災害をもたらしたというほどのことはなかった。

ところがどの時間帯にテレビをつけても、台風による全国各地の状況や気象通報を延々と流し続け、しかもそのときの画面や言語情報は、たいして衝撃的でもなく、ウンザリするほど同じものばかりという印象が強かった。

何だか少し騒ぎすぎではないのかな、と感じたのは私だけだろうか。その日こそＮＨＫの他の番組を見ようと前から期待していた人は、残念に感じなかっただろうか。

お前はたまたま安全地帯にいたからそんなのんきなことを言っていられるのだという批判も十分承知の上である。また刻々の気象情報の変化を知ることが不可欠な職務がこの社会にはたくさんある。公務員、教育機関の関係者、交通機関の関係者、流通業者等々。

しかし私の頭のはたらきは、たとえば昭和天皇が病に伏したときの過剰な表現自粛路線を連想させて、どうにも居心地が悪い。

十月二十三日の新潟県中越沖地震の折は、どのテレビ局も新聞も数日後に土砂崩れの下から奇跡的に救出された幼児のニュースで持ちきりだった。

この地震による死者は数十名に上るにもかかわらず、それらの人々に公平なフォーカスが当てられたとはとても言い難い。しかもこうした自然災害によるある特定場面の報道に厖大なエネルギーと時間が費やされている間にも、全国各地で交通事故死や自殺や殺人事件はふだんと変わらない割合で起きていたはずである。さらに、イラク問題など国際情勢も大切であろう。

私が以上のことで言いたいのは、次の二点である。

ひとつは、現在の我が国の情報技術をもってすれば、ある事象にさしあたり直接かかわりのない視聴者のために、もっと多面的な放送の仕方が可能ではないかということ。

そしてもうひとつは、あるニュースに特化させる報道の仕方は、それが公共精神にもとづくよりも、仮想された「大衆」の情緒に訴える部分に比重を置きすぎるところに主たる理由があるのではないかということ。

そこで最後に提案である。

「公共放送」をもっと多極化させる。

たとえば「自然災害情報チャンネル」では、台風、地震、気象状況にかかわる情報や警告を一貫して流し続ける。

「社会チャンネル」では、三面記事的事件を中心に扱う。

「国内政治チャンネル」では、国会中継や、委員会の模様、政治経済問題の解説・論説・討論番組などを報道する。

「国際情報チャンネル」では、大統領選挙やイラク情勢や北朝鮮情報などを専門に扱う。

もちろんエンターテインメント番組、スポーツ番組などの専門チャンネルもふんだんに用意しておき、緊急事態の発生はその画面ですぐにも知らせるようにする。

公共性を持つ報道内容を、このようになるべく多極的なかたちで送信できるような方向にもっと人的、物的コストをかけるべきではないだろうか。むろん、どのチャンネルもが、必ず二十四時間放映していなくてはならないなどということはないのだから、あるチャンネルが一定時間休止していても、一向にかまわないと思う。

（二〇〇四年十一月・『宮崎日日新聞』）

被害者の実名報道を控えよ

犯罪被害者のプライバシー情報をメディアに公表するか否かについて、少子化・男女共同参画担当大臣（当時）の猪口邦子氏が警察に判断を丸投げした。

警察は氏名公表は避けられないとし、いっぽうマスメディアを代表して、田原総一朗氏が「国民の知る権利」をタテに、警察に対して必要情報の公開を申し入れる文書を手渡した。

この問題に関して私が現在知り得ているのは以上のことだけだが、これについて私見を述べてみたい。

周知のとおり、昨年は、小学生の女の子が殺害される事件が相次いで起こり、マスメディアはここを先途とこぞって大々的に報道した。もちろん被害者の名前と写真も何度も流された。

ただ、一定時間を経てからの追跡報道では、記者がいちいち名前を口にすることはなく、「女の子」というように発言していた。ここにいくぶんの自主規制的な配慮がはたらいていたと受け取れる。

ところで、「国民の知る権利」という言葉は、マスコミ報道を正当化する概念としてその内実がきちんと議論されないまま一人歩きしているが、こんな変な言葉もめずらしい。

権利というのは、まず当事者に何らかの内発的な欲求があり、それが公共性の見地から正当性をもつものとして法的に公認されたところではじめて意味を持つ。

もちろん現在公認されていなくても「これこれの権利が認められてよいはずだ」という声を挙げることは私たちに許されている。だが「国民の知る権利」が認められるべきだという論理は、その当事者を「国民全員」とするところに成り立つ。

果たして「国民全員」が、一地方の小さな町で起きた残忍な事件の被害者のプライバシー情報を知りたいという内発的な欲求など持っているだろうか。

百歩譲ってそういう欲求があるとしよう。

では、その欲求とは、いかなる具体的な特質のもとに基礎づけられるものなのか。その特質は、「公共性」という美名のカテゴリーに収まるものだろうか。

私にはとうていそうは思えない。

このたぐいのことを知りたい欲求の大きな部分を占めるのは、要するに好奇心であり（もちろん私自身にもそれはあるが）、悲惨なものに心動かされる私たちの抜きがたい性向である。それを差し引いてしまうと、「公共性」としては何が残るのだろうか。

悲惨さや残忍さを詳しく知ること「だけ」で犯罪抑止効果がある？　もしそうなら、まったく同じ程度に犯罪誘発効果もあるはずだ。

また「みんなでどうすればよいかを考えるきっかけになる」というなら、それを果たすために、何も遺族感情を無視してまで被害者の実名や写真の公表をする必要はない。

ことに、いたいけな子どもを殺された遺族の無念は計り知れない。実名入り、写真入り報道は、一種の「セカンドレイプ」の気配が濃厚である。

猪口氏は、公権力の一翼を担う者として、このことを繰り込みつつみずから主体的な判断を下すべきであった。無責任というほかない。

これはひとつの提案ということになるが、少なくとも少年加害者の実名報道がなされないのと同程度のバランスを持って、少年被害者の実名や写真の公表は差し控えるのが良識というものではないだろうか。

（二〇〇六年一月・『ＳＳＫレポート』）

中高年女性の望むプリンス像

「冬ソナ」ブームに明け暮れた一年だった。

主役ペ・ヨンジュンに寄せる中高年女性ファンの熱い眼差しはついにけが人まで出し、それに対するヨン様の対応がまた何とも言えない優等生ぶりだった。

ヨン様だけでなく他にも韓国ドラマに出演する男優たちに対する人気はたいへんなものらしい。

いったいこのブーム現象はなぜ?と疑問を抱いた人もさぞ多いことだろう。

一つの有力な説として考えられるのは、ファンの中心層をなす中高年女性が自分たちの若いころ成就できなかった純愛や初恋の夢を、あの清純なイメージの役者（たち）が満たしてくれるから、というものだ。

もはや日本の若手男性芸能人にそれを求めてもかなえられない。しかもドラマの書き割りや小道具のほうは、いまの日本と変わらないハイレベルで先端的でおしゃれな雰囲気を存分に醸し出してくれる。この組み合わせの妙に秘密があるのかも知れない。

しかし何にせよ、集団心理を論理的に解き明かすのは難しいものだ……などと思っていたら、ある民放テレビ局でヨン様インタビュー番組をやっているのをたまたま最後のほうだけ見て、論理的にはともかく、感覚的には何となく納得できるものがあった。

ペ・ヨンジュンという俳優はなかなかの大器である。「お客様は神様」ならぬ「ファンは家族」なる構えを徹底的につらぬくソツのない応答ぶり、知的な風貌、何気なくみせるちょっとシャイな身振りや表情、役のために苛酷な訓練にたえて筋肉を鍛え上げるその努力。現代日本の社交界である芸能界のプリンスとしてまことにふさわしい。

そして筆者は、この「プリンス」という言葉を思いついたとたん、そこからある突飛な着想を得た。

そうだ。ヨン様は、日本の中高年女性にとってまさに期待された「プリンス」なのだ。何が言いたいか、賢明な読者はもうおわかりだろう。

今年は、将来の皇位継承をめぐる皇室の苦悩がさかんに取りざたされた年でもある。筆者個人は、象徴天皇制はこれまでうまく機能してきたと思っているし、今後も続くなら続けばよいし、緩やかな消滅に向かうならそれもかまわないし、女帝を立てるならそれも大いにけっこうと思っている。いずれにしても、この問題自体にあまり強い関心はない。だがひょっとして一般庶民、ことに中高年女性の多くはその深層心理のなかでこの皇室のごたごたに半ば愛想を尽かし、その裏返しとして、あるべき未来の「プリンス」像を探し求めているのではないか。

さてもしそうだとすると、いつの将来かわからないが、次のような可能性もあながち筆者個人の妄想とばかりは言えない気がしてくる。

皇位継承が本当に危うくなったとき、皇室の存続を真剣に考えるならば、どこか外国の高貴な人を女婿として迎え入れて、何とか形式を整えるというオプションである。

過去にも名誉革命後のイギリスにおいて、オレンジ公ウィリアムとメアリーという先例があるし、国技の相撲もすっかり国際化してしまっている。高齢社会における中高年女性の心情的なパワーを侮ってはならないと思うが、いかがなものだろうか。*

（二〇〇四年十二月・『宮崎日日新聞』）

＊注記……この最後の五行につき、原稿の送付段階で掲載紙の宮崎日日新聞より「不穏当」とのクレームがつき、話し合いの結果、「より穏当な」表現に改めた。したがって実際に掲載された文章は、これとはやや異なっている。単行本化に当たって、元の文章に戻したので、本書での文章の責任は、もっぱら小浜にあり、宮崎日日新聞社にはない。

駅名の「外人」発音を改めよ

もう何年も前になるが、ある人の本で、英語で自己紹介したり自分の名前をローマ字表記したりする必要があるとき、姓と名とを欧米流に逆転させる習慣は、アジア圏では日本だけであり、これは日本人のいわれなき英語コンプレックスのなせる技だから改めるべきだという主張を読んだ。

そう言われてみればオリンピックなどで中国人や韓国人や台湾人の名前はけっして逆転して表記されることはない。私はこの主張に感銘を受け、それ以来、名刺の表記も「Kohama Itsuo」と改め、英語で自己紹介する必要があるときは（そんな機会はめったにないが）、必ず「My name is Kohama Itsuo」と言うことにしている。

最近出版される本のカバーには、著者名にローマ字表記が付記されているものが多い。いくつか調べてみると、出版社や装丁者によって姓と名の順序はまちまちである。まだまだ右のような主張は徹底されていないわけだ。

しかし、徐々に姓・名の順に表記される例が増えているような気がする。そうだとすれば、歓迎すべきことである。

それに関連して気になるのが、このごろたいていの鉄道で行なわれている車内放送の英語アナウンスである。

これも路線やその時々のテープによってまちまちなのだが、多くの場合、駅名を「外人」が発音するように発音している。特に新幹線や山手線など、ＪＲのものはこの傾向が強い。

たとえば「The next station is Shibuya」というとき、ふつうに「しぶや」と発音せず、真ん中の「ぶ」にことさら強勢をおいて、「しぃぶぅぃあ」というように発音するのである。耳障りこの上ない。

ほとんどの人は気にしていないように見えるが、私は、いったんこのてのことが気になり出すと、腹立たしくてどこかで言わずにはおれなくなる。そしてだれも気にしないことがまた腹立たしい。

この種の「外人」発音は、はっきり言って誤りである。日本の地名を日本の地で外国人向けに伝えるのであるから、正しい発音で挟み込むべきだ。英語のイントネーションの流れから仕方なく、などというのは理由にならない。

また、ふつうに「しぶや」と発音すると、外国人には聞きとれないという説を聞いたこともある。しかし、そこまで親切な配慮をする必要はないので、来日する外国人のほうが正しい発音の聞き取りを学ぶべきなのである。

さらに、アナウンサーに英米人を起用しているなら、彼らに正しい発音をきちんと教えてからテープを作成すべきである。現に東急線各線、東京メトロなどはちゃんと日本式発音で通している。

だがいろいろ聞いていると、明らかに日本人アナウンサーなのに「外人」発音をわざわざ用いているのがままあるようだ。これがもっとも許せない気がする。

英語が国際共通語となっている今日、これを公共的な機関の情報発信に取り入れること自体は、大いに結構なことである。世界の趨勢にたいして意固地に閉鎖的になってはならない。

しかし、固有名、その土地から発祥したものの名前、などは、その土地の表記や発音を正しく伝えようとする構えを堅持することこそがむしろ文化的に開かれた態度なのだ。公共機関が英語に対する日本人の卑屈さを率先して採用するような無意識の態度は、即刻改められるべきである。


（二〇〇四年十一月・『正論』）

一九六八と一九八四の精神史

一九六八年から一九八四年までに世間をにぎわせた報道記事を、明暗それぞれの社会風俗史として追ってみると、主として次のようなものが挙げられる。

なおこれは、この期の日本精神史に深い関連を持つものとして筆者が恣意的に選んだものである。

東大安田講堂攻防戦など、全共闘運動の興隆（一九六九年）
大阪万国博覧会開催（一九七〇年）
三島由紀夫割腹事件（一九七〇年）
浅間山荘事件、連合赤軍リンチ殺害事件（一九七二年）
第一次オイルショック（一九七三年）
高校進学率、掃除機、冷蔵庫などの耐久消費財普及率がいずれも九割を超える（一九七五年）
日本車、生産台数で世界一に（一九八〇年）
中学、高校で、校内暴力吹き荒れる（一九八二年）

前半の全共闘運動、三島事件、連合赤軍事件などは、いずれもある種の「政治的感覚」が極端なかたちで現れたものである。

ではその政治的感覚が何に根ざしていたかといえば、「いまの社会は根本的に間違っているので、自分たちが世直しをしなくてはならない」という観念あるいは信念である。これらの観念は、いうまでもなく、いずれも挫折しているが、それはなぜだろうか。

同じころ、万国博が大成功を収めたこと、またオイルショックを契機に、それまで続いていた高度な経済成長率の時代が急速に終わり、省エネ技術や環境技術の開発などに象徴されるような低成長率の時代に入ったこと、そして、これ以降、学生運動や激しい組合運動などがなりをひそめること、などを考え合わせると、右の疑問に対する一定の社会的判断が成り立つ。

全共闘運動の十年前に起きた安保闘争では、学生だけでなく、これに共鳴した労働者や市民が広範なかたちで参加し、一時は国会前を群集が埋め尽くすほどであった。それは、一般の生活者の中に、自分たちの生活水準がまだまだ低く、その不満の矛先を当時の政治のあり方に訴えるというモチーフが明確に残存していたことを示す。

しかし連合赤軍事件はいうに及ばず、全共闘運動、三島事件などは、広範な大衆的支持を得られずに終わった。それというのも、すでにこの時期には、一般大衆の生活がかなり豊かとなり、ごく限られた少数者の「政治観念」に加担する必然性を、彼らが心情レベルで認めなかったからである。

日本の大衆の大半はこのとき、「失うべきもの」を保守するに至ったのであり、同時に多様な個人主義的生き方を選択できるようになった。「観念」的な政治思想は、そのことに気づかず、自分たちの社会批判のスタイルがまだ何ものか普遍的な力になりうると勘違いしていたのである。

「観念」は、それを立ち上げた「社会的現実」がすっかり変容してしまった後も、いったん頭に宿ると、かなりの間、残留し続ける。端的にいえば、この観念と現実とのギャップが、この時期の過激な政治的行動の挫折の原因である。

ほどなくして、高校進学率や耐久消費財の普及率が九割を超えるという事態を迎える。同時に国民の「中流意識」は、急速に広がっていく。そして一九八〇年には、なんと自動車の生産台数がアメリカを抜いてトップに躍り出るのである。

これを要するに、六八年から八四年までの期間は、精神史的に言って、「日本は戦争に敗れた貧しい国である」から、「日本は多くの人が中流に属する豊かな国である」へと、その自己認識が大衆的な規模で大きく転換する時期であったといえよう。時代はこの後、バブルへと登りつめていく。

しかし、世の中に二ついいことはない。経済的な豊かさのみごとな実現は、同時に学校教育の世界で、現在にまでも引き継がれる大きなツケを残すことになった。

八〇年代前半以降、豊かさしか知らない新しい世代は、集団で生きるための強い精神的機軸ともいうべきものを打ち立てることができず、苦心惨憺して勉学に励むことの意義やモチーフを身体で感じられなくなる。

これ以降の校内暴力の激発や、いじめの横行、不登校や高校中退の激増などの「学校現象」は、それまで青少年の成育にとって不可欠な場所であった「学校」という空間が、地域生活の中心地、立身のための修練所、大人社会を子どもから分かつ権威の象徴という、かつて持っていた意義を急速に衰えさせていく過程を如実に表わしている。

そしてうつ病や自殺やひきこもりの増加などに見られるように、いまも私たちは、大人も含めて、この精神的な目標喪失感から自由になれないでいるのである。

（二〇〇九年七月・『キネマ旬報』）

あとがき

もし、私たち日本の「大人」がいまおかれている状態を、ただ一言で括ってみせろと言われたら、「生の目標喪失」ということになるのではないだろうか。

徳川家康は、「人生とは、重い荷物を背負って長い坂を上っていくようなものだ」と言ったそうだが、「重い荷物」と「長い坂」とが明確な輪郭を私たちの背後と前方に提示してくれていれば、むしろその「苦労」の質もわかりやすいものとなり、苦しみはかえってそれだけ耐えやすくなるとも言えないことはない。

環境、資源、食糧、世界経済、国家間紛争、国内政治など、大文字の課題は、連日かまびすしく報じられているが、私たち一人ひとりは、その種の情報が持つ公共的な文法とは少し違った語り口で語られなくてはならない坂道を上っているのではないかと思う。

そして、その坂道を上るときに吐き出している息の中には、かつての時代には見られなかった、独特の空虚なため息が混じっているように感じられる。「坂の行き着くところはどこ？　それがよく見えないのだけれど……」と、私たちは無意識のうちに自分に向かって問いかけてはいないだろうか。

本書では、そんな頼りなげな自分たちの歩みぶりにできるだけ寄り添ってみたいと思った。杖の役目すら果たせず、かえってこちらがよろよろとして足てまといになってしまったのではないかという不安を払拭しきれないが、実存者にとっての「大人問題」とは、もともとここに描き出したたぐいのことを言うので、そこを常に注視する態度を忘れてはならないと思う。

なお、掲載紙誌から単行本に収録するに当たって、いくらかの加筆・修正を加えた。

前著の『子供問題』同様、今回もまた、ポット出版社主の沢辺均さんと、同じく編集者の高橋大輔さんにたいへんお世話になりました。この場を借りて厚く感謝の意を表します。

小浜逸郎

二〇〇九年十一月二十九日

初出一覧 ▶執筆年月・発表媒体

一章●普通に生きる1 成熟・諦念・死
父と私▶二〇〇七年二月・『Voice』(PHP研究所)
死は生の条件である▶二〇〇三年十月・『SSKレポート』(埼玉県私塾協同組合)
人生最大の無駄遣い▶二〇〇六年七月・『プレジデント』(プレジデント社)
藤沢作品に見る「成熟」の意味▶二〇〇四年十月・『望星』(東海教育研究所)
藤沢作品に見る「諦念」の意味▶二〇〇五年四月・『望星』(東海教育研究所)

二章●普通に生きる2 労働・善・愛情
人はなぜ働くのか▶二〇〇一年十一月・『経』(ダイヤモンド社)
働く意義と善との関係について▶二〇〇六年五月・『SSKレポート』(埼玉県私塾協同組合)
儀礼行為の意味▶二〇〇一年十二月・『Voice』(PHP研究所)
デマメールは社会を映す鏡▶二〇〇二年九月・『Voice』(PHP研究所)
人はなぜ恋をするのか▶二〇〇二年五月・『人間会議』(宣伝会議)
「男の純愛」は可能か▶二〇〇四年十二月・『木野評論』(発行・京都精華大学情報館/発売・青幻社)
人はなぜ家族を営むのか▶二〇〇五年四月・『こころの科学』(日本評論社)
きずなは解体するか▶執筆年月不詳・『毎日新聞』(毎日新聞社)

三章●人生という壁 老い・孤独・自殺
中高年男性の正念場▶二〇〇一年八月・発表誌不詳
アンチ・アンチエイジング▶二〇〇七年四月・「公明新聞」(公明党)
暗い、暗い話▶二〇〇八年十月・『SSKレポート』(埼玉県私塾協同組合)
中高年期における男性アイデンティティの危機▶二〇〇六年十月・『現代のエスプリ』(至文堂)
若年女性の自殺の増加▶二〇〇八年六月・発表誌不詳
高齢者は「働けない弱者」か▶二〇〇二年三月・『Voice』(PHP研究所)

四章●社会という壁 時代・規範・情報
商店街は変わらない▶二〇〇二年二月・『Voice』(PHP研究所)
人口減少社会は困った社会か▶執筆年月不詳・『視点・論点』(NHK)
禁煙論議にひとこと▶二〇〇五年二月・『宮崎日日新聞』(宮崎日日新聞社)
法律はバベルの塔▶二〇〇二年七月・『Voice』(PHP研究所)
「第三の他者」としての法▶二〇〇八年十二月・『SSKレポート』(埼玉県私塾協同組合)
「責任」とは何か▶二〇〇二年九月・『Voice』(PHP研究所)
メルト・ダウンする司法制度▶二〇〇九年二月・『SSKレポート』(埼玉県私塾協同組合)
携帯電話の功罪▶二〇〇一年八月・未発表
メディアと身体▶二〇〇七年九月・『熱風』(スタジオジブリ)
情報階層社会という分水嶺▶二〇〇八年十一月・『MOKU』(MOKU出版)
公共放送を多極化せよ▶二〇〇四年十一月・『宮崎日日新聞』(宮崎日日新聞社)
被害者の実名報道を控えよ▶二〇〇六年一月・『SSKレポート』(埼玉県私塾協同組合)
中高年女性の望むプリンス像▶二〇〇四年十二月・『宮崎日日新聞』(宮崎日日新聞社)
駅名の「外人」発音を改めよ▶二〇〇四年十一月・『正論』(産経新聞社)
一九六八と一九八四の精神史▶二〇〇九年七月・『キネマ旬報』(キネマ旬報社)

小浜逸郎

(こはま・いつお)


一九四七年、横浜市生まれ。批評家。

横浜国立大学工学部建築学科卒業。国士舘大学客員教授。

思想講座「人間学アカデミー」(http://www.ningengaku.net/)主宰者。

著作一覧

- ◉『子供問題』(二〇〇九年十二月・ポット出版)
- ◉『やっぱり、人はわかりあえない』(中島義道との共著・二〇〇九年七月・PHP新書)
- ◉『癒しとしての死の哲学』(二〇〇九年七月・洋泉社MC新書)
- ◉『「死刑」か「無期」かをあなたが決める—「裁判員制度」を拒否せよ!』(二〇〇九年四月・大和書房)
- ◉『結婚という決意(『人はなぜ結婚するのか』改訂版)』(二〇〇七年十月・PHP研究所)
- ◉『言葉はなぜ通じないのか(人間学アカデミー5)』(二〇〇七年八月・PHP新書)
- ◉『自由は人間を幸福にするか』(長谷川三千子、佐伯啓思、竹田青嗣との共著・二〇〇七年五月・ポット出版)
- ◉『男はどこにいるのか』(二〇〇七年四月・ポット出版)
- ◉『人はなぜ死ななければならないのか』(二〇〇七年二月・洋泉社新書y)
- ◉『死にたくないが、生きたくもない。』(二〇〇六年十一月・幻冬舎新書)
- ◉『方法としての子ども』(二〇〇六年二月・ポット出版)
- ◉『「責任」はだれにあるのか』(人間学アカデミー4)(二〇〇五年十月・PHP新書)
- ◉『人生のちょっとした難問』(二〇〇五年七月・洋泉社新書y)
- ◉『善悪ってなに? 働くってどんなこと?—14歳からのライフ・レッスン』(二〇〇五年三月・草思社)
- ◉『正しい大人化計画—若者が「難民」化する時代に』(二〇〇四年九月・ちくま新書)
- ◉『エロス身体論』(二〇〇四年五月・平凡社新書)
- ◉『なぜ私はここに「いる」のか—結婚・家族・国家の意味(人間学アカデミー1)』(二〇〇三年十月・PHP新書)
- ◉『やっぱりバカが増えている』(二〇〇三年十月・洋泉社新書y)
- ◉『天皇の戦争責任・再考』(池田清彦、井崎正敏、橋爪大三郎、小谷野敦、八木秀次、吉田司との共著・二〇〇三年七月・洋泉社新書y)
- ◉『可能性としての家族』(二〇〇三年七月・ポット出版)
- ◉『「恋する身体」の人間学(シリーズ・人間学2)』(二〇〇三年六月・ちくま新書)
- ◉『頭はよくならない』(二〇〇三年三月・洋泉社新書y)
- ◉『死の哲学』(二〇〇二年八月・世織書房)

●『人はなぜ働かなくてはならないのか―新しい生の哲学のために』(二〇〇二年六月・洋泉社新書y)

●『癒しとしての死の哲学(新版)』(二〇〇二年三月・王国社)

●『人生を深く味わう読書』(二〇〇一年十一月・春秋社)

●『死の準備』(山田太一、清水眞砂子、吉本隆明、近藤誠、西尾幹二、森崎和江、日垣隆、加地伸行、定方晟との共著・二〇〇一年七月・洋泉社新書y)

●『「弱者」という呪縛―戦後のタブーを解き放て!』(櫻田淳との共著・二〇〇一年六月・PHP研究所)

●『「男」という不安』(二〇〇一年四月・PHP新書)

●『この思想家のどこを読むのか―福沢諭吉から丸山真男まで』(佐伯啓思、山折哲雄、大月隆寛、松本健一、高澤秀次、西部邁、加地伸行との共著・二〇〇一年二月・洋泉社新書y)

●『この思想家のどこを読むのか―福沢諭吉から丸山真男まで』(佐伯啓思、山折哲雄、大月隆寛、松本健一、高澤秀次、西部邁、加地伸行との共著・二〇〇一年二月・洋泉社新書y)

●『息子を犯罪者にしない11の方法』(和田秀樹、河上亮一、中山治、春日武彦、斎藤環、森口朗、川島幸希、蔵谷浩司、飯塚真紀子、高山文彦との共著・二〇〇〇年八月・草思社)

●『なぜ人を殺してはいけないのか―新しい倫理学のために』(二〇〇〇年七月・洋泉社新書y)

●『正しく悩むための哲学―生きる自信を手にする14のヒント』(二〇〇〇年五月・PHP文庫)

●『中年男に恋はできるか』(佐藤幹夫との共著・二〇〇〇年三月・洋泉社新書y)

●『「弱者」とはだれか』(一九九九年八月・PHP新書)

●『これからの幸福論』(一九九九年七月・時事通信社)

●『間違えるな日本人!―戦後思想をどう乗り越えるか』(林道義との共著・一九九九年六月・徳間書店)

●『吉本隆明―思想の普遍性とは何か』(一九九九年三月・筑摩書房)

●『いまどきの思想、ここが問題。』(一九九八年九月・PHP研究所)

●『無意識はどこにあるのか』(一九九八年七月・洋泉社)

●『この国はなぜ寂しいのか―「ものさし」を失った日本人』(一九九八年二月・PHP研究所)

●『現代思想の困った人たち』(一九九八年二月・王国社)

●『幸福になれない理由』(山田太一との共著・一九九八年一月・PHP研究所)

●『14歳日本の子どもの謎』(一九九七年十一月・イースト・プレス)

●『子どもは親が教育しろ!』(一九九七年七月・草思社)

●『大人への条件』(一九九七年七月・ちくま新書)

●『ゴーマニスト大パーティー―ゴー宣レター集3』(小林よしのりと61人の読者たちとの共著・一九九七年六月・ポット出版)

●『癒しとしての死の哲学』(一九九六年十一月・王国社)

●『方法としての子ども』(一九九六年十月・ちくま学芸文庫)

●『人生と向き合うための思想・入門』(一九九六年九月・洋泉社)

●『男はどこにいるのか』(一九九五年十二月・ちくま文庫)

●『自分を知るための論争術』(田中紘太郎、日下雄一、村瀬学、安原顯 との共著・一九九五年十二月・洋泉社)

●『オウムと全共闘』(一九九五年十二月・草思社)

●『ぼくらの「侵略」戦争―昔あった、あの戦争をどう考えたらよいのか』(宮崎哲弥、松本健一、西尾幹二、呉智英、福田和也との共著・一九九五年十月・洋泉社)
●『間違いだらけのいじめ論議』(諏訪哲二との共編著・一九九五年四月・宝島社)
●『正しく悩むための哲学―生きる自信を手にする処方箋』(一九九五年四月・PHP研究所)
●『学校の現象学のために(新装版)』(一九九五年四月・大和書房)
●『先生の現象学』(一九九五年三月・世織書房)
●『喩としての生活(21世紀を生きはじめるために4)』(村瀬学、瀬尾育生、竹田青嗣、橋爪大三郎との共著・一九九四年十二月・JICC出版局)
●『中年男性論』(一九九四年十月・筑摩書房)
●『ニッポン思想の首領たち』(一九九四年九月・宝島社)
●『力への思想』(竹田青嗣との共著・一九九四年九月・学藝書林)
●『身体の深みへ(21世紀を生きはじめるために3)』(村瀬学、瀬尾育生、竹田青嗣、橋爪大三郎との共著・一九九三年二月・JICC出版局)
●『家族を考える30日』(一九九三年一月・JICC出版局)
●『人はなぜ結婚するのか』(一九九二年十一月・草思社)
●『照らし合う意識(21世紀を生きはじめるために2)』(竹田青嗣、村瀬学、瀬尾育生、橋爪大三郎との共著・一九九二年四月・JICC出版局)
●『試されることば(21世紀を生きはじめるために1)』(橋爪大三郎、竹田青嗣、村瀬学、瀬尾育生との共著・一九九一年八月・JICC出版局)
●『症状としての学校言説』(一九九一年四月・JICC出版局)
●『時の黙示』(一九九一年二月・学藝書林)
●『家族はどこまでゆけるか』(一九九〇年十一月・JICC出版局)
●『男はどこにいるのか』(一九九〇年十一月・草思社)
●『男がさばくアグネス論争』(一九八九年六月・大和書房)
●『可能性としての家族』(一九八八年十月・大和書房)
●『方法としての子ども』(一九八七年七月・大和書房)
●『家族の現在』(芹沢 俊介、清水眞砂子、村瀬学、最首悟との共著・一九八六年五月・大和書房)
●『学校の現象学のために』(一九八五年十二月・大和書房)
●『家族の時代』(小阪修平との共編著・一九八五年五月・五月社)
●『太宰治の場所』(一九八一年十二月・弓立社)

書名――――大人問題
副書名――――目標喪失した社会を正しく生きるために
著者――――小浜逸郎
編集――――高橋大輔
デザイン――――山田信也
発行――――2010年2月10日［第一版第一刷］
定価――――1,900円+税
発行所――――ポット出版
150-0001 東京都渋谷区神宮前2-33-18#303
電話 03-3478-1774 ファックス 03-3402-5558
ウェブサイト http://www.pot.co.jp/
電子メールアドレス books@pot.co.jp
郵便振替口座 00110-7-21168 ポット出版
印刷・製本――――シナノ印刷株式会社
ISBN978-4-7808-0141-5 C0036 ©KOHAMA Itsuo

All about an adult person
by KOHAMA Itsuo
Editor:TAKAHASHI Daisuke
Designer:YAMADA Shinya

First published in
Tokyo Japan, Feb. 10, 2010
by Pot Pub. Co., Ltd

#303 2-33-18 Jingumae Shibuya-ku
Tokyo, 150-0001 JAPAN
E-Mail: books@pot.co.jp
http://www.pot.co.jp/
Postal transfer: 00110-7-21168
ISBN978-4-7808-0141-5 C0036

【書誌情報】
書籍DB●刊行情報
1 データ区分――1
2 ISBN――978-4-7808-0141-5
3 分類コード――0036
4 書名――大人問題
5 書名ヨミ――オトナモンダイ
7 副書名――目標喪失した社会を正しく生きるために
13 著者名1――小浜 逸郎
14 種類1――著
15 著者名1読み――コハマ イツオ
22 出版年月――201002
23 書店発売日――20100212
24 判型――4-6
25 ページ数――200
27 本体価格――1900
33 出版者――ポット出版
39 取引コード――3795

本文●ラフクリーム琥珀N 四六判・Y・71.5kg（0.130）／スミ（マットインク）
見返し●エコジャパンR・あい・四六判・Y・100kg
表紙●竹あやGA・さらし・四六判・Y・100kg／TOYO 10434
カバー・帯●STカバー・白・四六判・Y・115kg／スミ+TOYO 10434／マットPP
はなぎれ●1番（伊藤信男商店見本帳） スピン●52番（伊藤信男商店見本帳）
使用書体●游明朝体std M+ITC Garamond 游明朝体 游見出し明朝体 もじくみかなSH版 見出しゴ 中ゴ
Frutiger ITC Garamond PGaramond
2010-0101-2.0